Jörg Löhr

ERFOLG UND MOTIVATION IN ZEITEN DER VERÄNDERUNG!

1. Auflage 2018

Edition Erfolg Verlag
ISBN 978-3-938826-57-7

Gestaltung und Satz: www.buero-koethe.de
Druck und Bindearbeiten: www.tw-dialog.de
Printed in Germany

Jörg Löhr

ERFOLG UND MOTIVATION IN ZEITEN DER VERÄNDERUNG!

INHALT

VORWORT

Wundern Sie sich auch manchmal darüber, wie fern Ihnen das letzte Jahrhundert ist? Seit dem Beginn des neuen Millenniums sind erst etwa zwei Dekaden vergangen, und doch ist nahezu alles anders. Die Welt wächst zusammen, das Wissen explodiert exponentiell, neue Technologien werden rasant in neue Produkte und Dienstleistungen umgesetzt. Jeder kennt die Stichworte Digitalisierung und Globalisierung. Künstliche Intelligenz verarbeitet die vielen Daten, die wir im Netz hinterlassen – und daher wissen Internetgiganten teilweise mehr über uns als unsere Freunde oder gar als wir selbst. So mancher fürchtet denn auch, zum gläsernen Menschen zu werden. Gleichzeitig entwickelt sich das Eigenheim zum Smart Home, schickt sich das Auto an, autonom zu fahren, während Sensoren unsere Gesundheit überwachen und Algorithmen unser Geld investieren. Man kann das als Abgabe von Verantwortung sehen oder aber als Gewinn an Zeit und Lebensqualität, doch verändern wird es uns auf jeden Fall.

Dann sind da beispielsweise die Flüchtlingskrise, zahlreiche Kriege, der Vormarsch des Populismus, der Klimawandel. Noch mehr Grund für Angst vor einem Versinken der alten, vergleichsweise ruhigen Welt. Angst davor, all dem Neuen nicht mehr gewachsen zu sein, überfordert zu werden, bald zu den Abgehängten zu gehören. Schließlich sagen Zukunftsforscher, 70 bis 80 Prozent unserer Kinder werden Jobs haben, die wir heute noch gar nicht kennen. Wer also versichert mir, dass ich in meinem Beruf arbeiten kann bis zur Rente? Nun, die Antwort lautet tatsächlich: niemand! Jedenfalls gilt das für sehr viele Jobs! Sie werden sich im günstigen Fall stark verändern, vielleicht aber auch ganz verschwinden.

Und auch im Privatleben wird es permanent unübersichtlicher und anstrengender. Hundert Möglichkeiten für den neuen Handyvertrag, noch viel mehr für die nächste Urlaubsreise. Ja, sogar bei der Partnerwahl fällt die Entscheidung schwerer als früher, da Flirtdatenbanken es ermöglichen, Tausende von Singles kennenzulernen. Wie soll man diese Vielfalt an Optionen bewältigen? Unter anderem mit Zielklarheit, Fokussierung, Handlungsstärke. Sowohl am Arbeitsplatz als auch zu Hause. Natürlich gehört dazu die richtige Einstellung. Die beginnt damit, den Wandel zu akzeptieren oder vielmehr zu begrüßen. Im Grunde war es schon immer so, doch in dieser Ausprägung gilt erst jetzt: Die einzige Konstante ist Veränderung. Wer dazu aus voller Überzeugung »Ja« sagt, statt sich nur damit abzufinden, der hat den nächsten wichtigen Schritt getan. Er kann all die Chancen sehen, die ihm die Veränderungen schenken.

Tatsächlich sind die Möglichkeiten für jeden von uns heute viel zahlreicher, als sie es noch für unsere Eltern oder Großeltern waren. Der Wunsch nach Selbstbestimmung ist stärker geworden, und es wird leichter, sich ihn zu erfüllen. Ja, es sind herausfordernde Zeiten, doch auch spannende, aufregende, wunderbare Zeiten. Jeder muss darum kämpfen, wahrgenommen zu werden. Das verursacht vielleicht manchmal Stress, trägt aber enorm zur Entwicklung der Persönlichkeit bei. Und natürlich zum Erfolg, ohne den Glück und Zufriedenheit ausbleiben. Wie man erfolgreich wird und wie Motivation in Zeiten der Veränderung funktioniert, das möchte dieses Buch aufzeigen. Zukunftsforscher kommen darin genauso zu Wort wie andere Experten. Zudem veranschaulichen Beispiele erfolgreicher Menschen, worum und wie es geht.

Lesen Sie das Buch komplett durch oder greifen Sie sich einzelne Themen heraus. Beachten Sie dabei auch die Tipps, die Ihnen bei der bestmöglichen Umsetzung in Ihrem Alltag helfen. Weitere Unterstützung geben Ihnen die Aufgaben. Ich empfehle, diese schriftlich zu bearbeiten. Wichtig: Gehen Sie mit Neugier und Freude an dieses Werk. Geben Sie es weiter, verschenken Sie es, sprechen Sie mit Freunden und Kollegen darüber, diskutieren Sie die für Sie besonders interessanten Punkte. Doch vor allem nehmen Sie die folgenden Seiten als Initialzündung, um ins Handeln zu kommen.

Viele Erkenntnisse und noch mehr Inspiration wünscht Ihnen
Ihr JÖRG LÖHR

WAS UNSERE ZEIT SO BESONDERS MACHT

KAPITEL 1

Es gibt viele Perioden der Menschheitsgeschichte, die als Epochen des Wandels gelten. Die Renaissance etwa, in der erstmals der Mensch als Individuum gefeiert wurde. Oder die Industrialisierung, die in England mit der Erfindung und vor allem der Weiterentwicklung der Dampfmaschine im 18. Jahrhundert begann. In keiner anderen Zeit aber wurden gleichzeitig so gut wie alle Menschen auf der Erde von einer so tiefgreifenden und vor allem raschen Transformation wie derzeit erfasst. Wir erleben derzeit etwas völlig Neues, das uns alles abverlangt – und das zugleich ungeheuer spannend ist.

Dabei dominiert nicht ein Aspekt wie in früheren Zeitenwenden. Es finden vielmehr mehrere Prozesse gleichzeitig statt, die sich gegenseitig beeinflussen und verstärken. Ein Ende der Entwicklung im Sinne eines neuen, relativ lange stabilen Zustands ist nicht absehbar. Vielleicht wird es einen solchen niemals wieder geben. Das bedeutet: Wir alle müssen uns darauf einstellen, uns selbst ständig weiterzuentwickeln. Erfolgreich wird nur noch sein, wer sich flexibel an ständig neue Bedingungen anpassen kann – und dies auch tatsächlich tut.

DIGITALISIERUNG IST KEIN HYPE

Bei den Stichworten Veränderung und Wandel denken Sie vielleicht wie sehr viele Menschen als Erstes an die Digitalisierung. Sie hat die Musik- und Filmbranche umgekrempelt, ebenso den Einzelhandel und die Telekommunikation. Nun kommt die Finanzbranche an die Reihe, aber auch zum Beispiel die Energiewirtschaft. Wir bezahlen zunehmend nicht nur online, sondern mobil, die Energiewende dürfte letztlich nur dank totaler Vernetzung von Energieerzeugern und -verbrauchern funk-

tionieren. Smart Grids heißt ein Stichwort in diesem Zusammenhang. Gemeint sind intelligente Stromnetze, die neben den Kraftwerken und Konsumenten auch Speicher integrieren – künftig etwa die Batterien von Elektroautos. Sie könnten das Problem lösen, Sonnen- und Windstrom so einzubinden, dass nie zu viel und nie zu wenig Strom im Netz vorhanden ist.

Während etwa Smart Grids nur Experten beschäftigt, ist das Smartphone ein im wahrsten Sinne des Wortes augenfälliges und allgegenwärtiges Beispiel für die Digitalisierung. Längst wird es mehr oder weniger wie ein Kleidungsstück permanent und überall getragen. Milliarden Menschen sind heute über mobile Geräte wie eben Smartphones oder auch Netbooks und Notebooks miteinander verbunden, die immer mehr Daten speichern können und diese immer schneller verarbeiten.

> Wir kommunizieren damit von jedem Ort der Erde potenziell mit jedem anderen Menschen an jedem anderen Ort in Echtzeit.

Und zwar geschieht dies vorzugsweise über Textnachrichten, sodass die Funktion des Handys als Telefon oft kaum noch genutzt wird. Sorgen, das Schreiben als wesentlicher Bestandteil unserer Kultur könnte verloren gehen, sind daher offenbar unbegründet – trotz der Flut der Bilder in allen Medien. Manche mögen beklagen, dass kaum noch längere Texte gelesen oder geschrieben werden. In Live-Chats und Messengern dominieren kurze Sätze, und dabei wird auf Grammatik und Rechtschreibung eher wenig Wert gelegt. Positiv gewendet kann man die zunehmende Lebendigkeit der schriftlichen Kommunikation dank neuer Abkürzungen und Emoticons begrüßen.

Das Netz weiß fast alles über uns

In gewisser Weise belebt das flüchtige, lockere Kommunizieren per Chat das alte Lagerfeuer. An dem setzte man sich zusammen und redete miteinander, während man sich heute per Internet verbindet. Längst sind jedoch nicht die Inhalte allein interessant. Jede Unterhaltung liefert ebenso Metadaten. Zusammen mit anderen Kleincomputern kann das Smartphone neben dem Ort des Anwenders auch dessen Blutdruck oder Körpertemperatur übermitteln.

Es ist mittlerweile ein Leichtes, aus dem »wer wo über was mit wem redet« mit Hilfe von ausgefeilter Software Schlüsse zu ziehen. So erhalten wir etwa in den sozialen Medien auf uns persönlich zugeschnittene Werbung – ausgewählt aufgrund der Spuren, die wir beim Kommunizieren und natürlich auch bei sonstigen Aktivitäten im Netz hinterlassen.

Die Auswirkungen auf unsere Art zu kommunizieren sind aber nur ein Aspekt der Digitalisierung. Tatsächlich hat die digitale Revolution unser Leben bereits von Grund auf verändert, und der Prozess ist noch längst nicht am Ende, sondern wird sich open end fortsetzen. Laut einer Studie des Forschungsinstituts LIFE stehen dabei sieben Aspekte im Fokus: Familie und Freunde, Sicherheit, Materielles und Finanzen, Arbeit und Lernen, Freizeit und Wohlbefinden, Gesellschaft und Gemeinschaft sowie Gesundheit und Fitness. Der Grad der Vernetzung und Digitalisierung sei im Bereich Familie und Freunde am höchstem, im Bereich Freizeit und Fitness am geringsten.

Fast jeder Zweite der von LIFE Befragten nutzt die Digitalisierung bereits an seinem Arbeitsplatz. Es wird beispielsweise im Rahmen unterschiedlicher Projekte mit verschiedenen Partnern kooperiert, oder man verbessert seine Qualifikationen über E-Learning. Viele erwarten, dass der Arbeitnehmer künftig mehr Freiräume haben wird, also entscheidet, wann und wo er seine Arbeit verrichtet. Im Hinblick auf das Lernen glauben die Menschen an eine Informationsgesellschaft, in der das Wissen frei verfügbar ist. Bisher wird zwar das Netz noch meist eher zum Recherchieren genutzt, doch Web Collaboration, also das gemeinsame Arbeiten an einem Projekt von unterschiedlichen Orten aus, gewinnt an Aufmerksamkeit.[1]

Das Internet of Things verbindet alles mit allem

Mehr Souveränität beim Zeitmanagement, mehr Effizienz und mehr Unterstützung beim Erreichen der eigenen Ziele: Das erhoffen sich Arbeitnehmer von der Digitalisierung. Mindestens ebenso tiefgreifend ist der Impact auf das Privatleben. Im Jahr 2016 hat erstmals die Anzahl der »Dinge«, die mit dem Internet verbunden sind, die Anzahl der Smartphones und PCs übertroffen.[2] Internet of Things (IoT) – ein Schlagwort, hinter dem sich die Vernetzung nicht nur von Menschen, sondern auch von Gegenständen verbirgt. Der Kühlschrank, der von selbst die zur Neige gehende

Butter nachbestellt, ist dafür ein sehr oft zitiertes Beispiel. Auch autonom fahrende Autos oder sich selbst lenkende Drohnen brauchen Vernetzung, da sie nicht abgekoppelt von ihrer Umgebung von A nach B gelangen können. Zweistellige Wachstumsraten werden im Zusammenhang mit dem Internet of Things erwartet. Vom Smart Home über das Smart Manufacturing bis zur Smart City dürfte sich so gut wie alles, mit dem wir täglich zu tun haben, digitalisieren.

TIPP

Unterschätzen Sie nicht die unglaubliche Geschwindigkeit der digitalen Transformation. Seien Sie schnell, sehr schnell, wenn es um die entsprechende Optimierung Ihrer Produkte, Services, Prozesse und Geschäftsmodelle geht. Vergessen Sie nicht: Alles, was digitalisiert werden kann, wird digitalisiert werden! Gehören Sie zu den Ersten, die das konsequent umsetzen.

Während die Dinge zunehmend miteinander kommunizieren, fallen andere vermutlich über kurz oder lang weg. Die Geldscheine und Münzen zum Beispiel, mit denen wir aktuell alle noch jeden Tag unterwegs sind. Über Near Field Communication (NFC) wird kontaktlos bezahlt, man braucht keine PIN mehr auswendig zu lernen und nicht einmal mehr zu unterschreiben. Künstliche Intelligenz identifiziert Menschen etwa anhand ihres Gesichts, ihrer Stimme oder ihrer Lippenbewegung. Apropos künstliche Intelligenz, auch kurz AI für Artificial Intelligence genannt: Viele Fachleute sehen darin bereits die nächste Revolution, die einen Schritt oder gleich mehrere über die Digitalisierung hinausreicht.

Digitalisierung erfordert Handeln

Was auch immer im Einzelnen wann passieren wird, eines ist sicher: Die Digitalisierung ist kein Trend, der irgendwann wieder verschwindet. Sie ist kein Hype, vom dem bald keiner mehr redet. Nein, sie wird bleiben und so gut wie jeden Lebensbereich beeinflussen. Sie können

sich ihr nicht entziehen. Niemand kann sich ihr entziehen, und wer sie zu ignorieren versucht, der wird beruflich ebenso wie privat schnell den Anschluss verlieren. Die Veränderungen durch die Digitalisierung mehr als nur zur Kenntnis zu nehmen, ist also völlig alternativlos. Sie müssen sich näher damit beschäftigen und Sie müssen handeln! Und das gilt ebenso für all die anderen Umwälzungen – etwa für die Globalisierung.

IN KÜRZE

- **Die Digitalisierung betrifft alle Lebensbereiche!**
- **Die Digitalisierung verändert speziell die Arbeitswelt tiefgreifend!**
- **Die Digitalisierung kann mehr Souveränität und Effizienz bringen!**
- **Die Digitalisierung ist kein vorübergehender Trend!**
- **Der Digitalisierung muss sich jeder stellen!**
- **Die Digitalisierung führt zur totalen Vernetzung!**
- **Die Digitalisierung fordert heraus und eröffnet Chancen!**

GLOBALISIERUNG MACHT DIE WELT ZUM MARKTPLATZ

Wenn vom Wandel die Rede ist, fällt mit nahezu hundertprozentiger Sicherheit auch der Begriff Globalisierung. Unternehmen agieren heute weltweit, sind auf zahlreichen Märkten präsent, richten sich mit ihren Angeboten und Dienstleistungen an Menschen überall auf dem Globus. Enge Verflechtungen gibt es ebenso auf Gebieten außerhalb der Wirtschaft wie Politik und Kultur. Wir können innerhalb von Sekunden mit Menschen in jedem anderen Land kommunizieren, und auch das physische Zusammentreffen ist viel schneller und leichter möglich als früher. Frühe Astronauten und Kosmonauten etwa faszinierte der Anblick der Erde aus dem Weltall, ihre Verletzlichkeit und Begrenztheit. All das erleben wir inzwischen etwa dadurch, dass unsere Handlungen die Umwelt auch viele Tausende Kilometer entfernt beeinflussen.

Individuen sind ebenso in Kontakt wie ganze Gesellschaften, staatliche und private Institutionen. Wie ist es dazu gekommen? Warum interagie-

ren wir heute permanent und prinzipiell mit jedem, während früher beispielsweise einen Kanadier überhaupt nicht interessierte, was in Australien passierte? In Gang gebracht wurde die Globalisierung massiv durch technische Entwicklungen, vor allem durch Innovationen bei der Kommunikation und im Bereich des Transports.

In erster Linie ist es das Internet, das weltweit Rechner und Smartphones, also letztlich Menschen miteinander vernetzt. Daneben hat der internationale Flugverkehr dramatisch zugenommen, und seit Stückgut in Containern reist, konnte der Warenverkehr stark vereinfacht und beschleunigt werden. Nicht zu vergessen sind die politischen Entscheidungen und Maßnahmen, mit denen der Welthandel liberalisiert wurde.

Nichts ist mehr wirklich weit entfernt

Ohne Zweifel hat die Globalisierung den Wohlstand vieler Menschen erhöht. Das liegt daran, dass sich das Prinzip des Wettbewerbs in allen Bereichen durchgesetzt hat. Nicht nur private Unternehmen konkurrieren heute miteinander und das weit über das Umfeld ihres Standorts hinaus. Vielmehr geht es um sämtliche gesellschaftlichen Bereiche, die politischen und rechtlichen Systeme, die Gesetzgebung im Allgemeinen und die Steuergesetze im Besonderen.

Durch die Globalisierung verändern sich die Strukturen in den Unternehmen, der Arbeitsmarkt wird in immer mehr Branchen ein nahezu grenzenloser, Kapital findet heute weltweit Möglichkeiten zur Anlage. Extrem augenfällig sind die Auswirkungen beim Transport und bei der Kommunikation, aber auch viele kulturelle Ereignisse strahlen weit über ihren Ursprungsort hinaus.

Viel mehr als nur Export von Produkten

Zwar hat es schon in der Antike einen internationalen Austausch von Waren gegeben, denn die Menschen wollten sich auch vor Jahrtausenden nicht mit dem begnügen, was vor ihrer Haustür wuchs sowie abgebaut und produziert wurde. Beispielsweise waren Araber, Inder und Chinesen die wichtigsten Außenhandelspartner der alten Römer.[3]

Inzwischen aber sind nicht nur die Handelswege länger geworden und reisen Güter wesentlich schneller um den Erdball. Firmen exportieren nicht mehr nur ihre Produkte, sie investieren direkt in anderen Ländern und auf anderen Kontinenten oder gehen strategische Partnerschaften mit ausländischen Unternehmen ein.

Solche Unternehmen sind anders organisiert und strukturiert als Betriebe, die ihre Aktivitäten auf eine eher eng umgrenzte Region beschränken. Für den Außenstehenden lassen sich die Geflechte von Niederlassungen und Beteiligungen kaum noch durchschauen. Waren und Dienstleistungen, die global aufgestellte Unternehmen anbieten, sind Ergebnisse eines Netzwerks und einer Zusammenarbeit, die die Grenzen von Ländern und Kontinenten überschreitet. Klar, dass hier für die Koordination Menschen gebraucht werden, die flexibel sind, über multikulturelle Kompetenz verfügen, den gewohnten Denkrahmen sprengen können – und die keine Angst vor Veränderungen haben.

IN KÜRZE

- **Die Globalisierung lässt die Welt zusammenschrumpfen!**
- **Die Globalisierung macht nahezu alles nahezu überall verfügbar!**
- **Die Globalisierung revolutioniert Struktur und Organisation von Unternehmen!**
- **Die Globalisierung ist vor allem bei Kommunikation und Transport spürbar!**
- **Die Globalisierung erfasst immer mehr Branchen und Firmen!**

KRISE DER DEMOKRATIE

Zu den umwälzenden Veränderungen, die uns alle betreffen, zählt auch die Krise unserer Staatsform, der Demokratie. In vielen Ländern ist scharfe Kritik am politischen Establishment heute viel mehr als nur eine Randerscheinung. Zahlreiche Menschen gehen nicht mehr zu den Wahlen beziehungsweise geben ihre Stimme radikalen Parteien, was häufig als Protesthandlung gewertet werden kann. Populisten gewinnen Oberwasser, während der etablierte Politikbetrieb Abwehr erzeugt und die Volksparteien kaum noch diesen Namen verdienen.

Stimmungen verdrängen Fakten

Die Journalistin Ursula Weidenfeld beschreibt dies in ihrem Buch »Regierung ohne Demokratie«. Es werde nur noch auf Krisen reagiert, statt aktiv zu gestalten und Visionen umzusetzen. Die innerparteiliche Demokratie nehme ab, Expertenkommissionen und Nicht-Regierungsorganisationen, die sogenannten NGOs, würden an Einfluss gewinnen. Diesen wird zwar häufig durchaus Sachverstand und rationales Handeln zugebilligt, sie seien aber nicht demokratisch legitimiert.

Auch die Medien, ein wichtiges Element unserer Demokratie, stehen am Pranger. Sie würden bisweilen selektiv berichten und dazu beitragen, dass sich viele Menschen nicht mehr repräsentiert fühlen. Die sozialen Medien hätten durch die Verbreitung von Fake News ihren Anteil an der Verdrängung sachlicher Auseinandersetzungen durch Stimmungen.

Weidenfeld setzt sich auch damit auseinander, aus welchen Gründen die Demokratie an Boden verliert. Die Globalisierung führt ihrer Ansicht nach dazu, dass Unternehmen ihre Aktivitäten auf die Staaten verteilen, in denen die Gesetzeslage im jeweiligen Bereich für sie am günstigsten ist. In opportunistischer Manier werden also Steuern dort gezahlt, wo diese am niedrigsten sind. Den Gerichtsstand siedle ein Konzern dort an, wo die größte Rechtssicherheit bestehe, während Forschung und Entwicklung in dem Land stattfinden, in dem die innovativste Gründerszene sitze und die beste Bildung angeboten werde. Demokratisch sei daran nichts, nur die Betriebswirtschaft zähle.[4]

Herausforderungen für unsere Demokratien

Ist diese Kritik an der Demokratie beziehungsweise an den Entwicklungen in demokratischen Ländern gerechtfertigt? Nun, die Wirtschaft, der Arbeitsmarkt, das Privatleben jedes Einzelnen sind von tiefgreifenden Änderungen betroffen. Das tangiert auch unser politisches System, das geformt wird von Institutionen und Organisationen, das abhängig ist vom Engagement und der aktiven Mitwirkung der Bürgerinnen und Bürger. Die ohnehin bereits in jeder Demokratie vorhandene Dynamik verstärkt sich in einer Welt, in der sich die Dinge so rasch bewegen wie noch nie zuvor.

Die Demokratien der Welt stehen also zweifelsohne vor großen Herausforderungen. Experten zählen dazu unter anderem die globalisierten Finanzmärkte, die verstärkte Übertragung von Entscheidungen an Organisationen, die mehrere Länder umfassen, also beispielsweise die EU. Vielerorts wächst die ökonomische Ungleichheit, also die Schere zwischen Arm und Reich. In manchen Familien pflanzt sich Armut von Generation zu Generation fort, denn Bildung - eine wesentliche Basis für Erfolg - hängt immer noch stark vom Elternhaus ab. Häufig wird auch beklagt, dass Parlamente an Macht verlieren und dafür Lobbyisten an Einfluss gewinnen.

All das kann eine Krise der Demokratie auslösen, wenn die Menschen nicht mehr nur die jeweilige Regierung für Probleme verantwortlich machen, sondern gleich das gesamte demokratische System in Frage stellen. Das spielt natürlich autoritär agierenden Politikern in die Hände, die nicht unbedingt die demokratischen Spielregeln akzeptieren.

Parteien entstehen und vergehen

Ob nun die Demokratie wirklich akut gefährdet ist oder nicht: Wohl kaum bestreiten lässt sich, dass die sehr überschaubare politische Landschaft der 60er- oder 70er-Jahre zumindest in Deutschland Geschichte ist. Allein schon die heutige Vielzahl der Parteien birgt die Gefahr von Instabilität und stellt erhöhte Anforderungen an die Wählerin und den Wähler. Sie müssen eine Menge an Zeit investieren, wollen sie sich über alle Parteiprogramme informieren.

Zudem halten viele die alten Zuordnungen wie links und rechts oder liberal, konservativ und fortschrittlich für überholt. Das Lagerdenken verliert am Bedeutung. Auch die Parteien entwickeln sich schließlich, passen ihre Positionen an den gesellschaftlichen Wandel an. Oder neue Parteien entstehen – eventuell über die Vorstufe einer Bewegung –, weil sich die etablierten Parteien nach Meinung vieler bestimmter Themen nicht genügend annehmen.

Eine Situation, in der alle Bürgerinnen und Bürger gefragt sind, sich in mehr oder weniger aktiver Weise für den Erhalt unserer demokratischen Herrschaftsform einzusetzen. Das jedenfalls ist die Losung zahlreicher Initiativen und Petitionen, die beispielsweise im Internet für ihre Sache werben.

Engagierte Menschen nutzen die Reichweite und leichte Zugänglichkeit der neuen Medien, um sich unter anderem für den Schutz der Freiheit sowie gegen Angriffe auf Minderheiten oder Andersdenkende einzusetzen.

Zu Recht, denn zweifellos brauchen wir ein klares Ja zu den von der Verfassung garantierten Rechten. Sie sind die Lebensform der Demokratie und Grundlage für ein friedliches Zusammenleben.

Wir brauchen Kämpfer für die Demokratie

Verteidiger der Demokratie fordern zudem Respekt voreinander, Toleranz und gegenseitige Wertschätzung. Zu verteidigen sei beispielsweise das Recht, seine Meinung frei zu äußern. Und jeder solle dem anderen zuhören, also nicht lediglich andere Ansichten zur Kenntnis nehmen. Erst wenn man sich mit dem Fremden, dem von eigenen Erfahrungen und Überzeugungen Abweichenden wirklich beschäftigt, kann Verständnis aufkommen.

Viele merken kritisch an, dass heute häufig dramatische Ereignisse verallgemeinert werden, weil sich solche Nachrichten besser vermarkten lassen. Tatsächlich kann so ein Bild der Gesellschaft entstehen, das der Wirklichkeit nicht entspricht. Somit gilt es, den Fokus auf die oft schweigende Mehrheit zu richten, die unsere Demokratie hochhält - auch wenn das wenig spektakulär ist und sich damit deshalb nur schwer Aufmerksamkeit erregen lässt.

IN KÜRZE

- **Die Demokratie ist kein in Stein gemeißelter Dauerzustand!**
- **Die Demokratie braucht den permanenten Einsatz aller Bürgerinnen und Bürger!**
- **Die Demokratie wandelt sich ebenso wie alles andere!**
- **Die heutige Demokratie ist durch viel mehr Parteien gekennzeichnet als im letzten Jahrhundert!**
- **Die Demokratie ist die Basis unserer Lebensform und muss verteidigt werden!**

KLIMAWANDEL UND DIE FOLGEN

Digitalisierung von Arbeitswelt und Alltag, die ganze Welt ein einziger Marktplatz und gleichzeitig eine zunehmende Verwundbarkeit der Demokratien: Als wären damit nicht Herausforderungen genug gegeben, wird die Flexibilität der Menschheit zusätzlich auf eine harte Probe gestellt - nämlich durch die höchstwahrscheinlich »hausgemachte« Veränderung einer unserer Lebensgrundlagen. Wir reden vom Klima auf unserem Planeten, das wie alles andere auch keine Konstante ist.

Vereinfacht gesagt: Die Durchschnittstemperatur auf unserem Globus steigt. Zwar hat es immer Klimaschwankungen gegeben, wechselten sich Eis- und Warmzeiten ab, doch das Tempo der Erwärmung der letzten 200 Jahre ist vermutlich einmalig. Zudem ist unsere Erde heute viel dichter besiedelt, was es erschwert, Antworten auf die sich aufheizende Atmosphäre zu finden - und was es so kompliziert macht, den Klimawandel zu stoppen oder zumindest zu verlangsamen.

Energiehunger verbraucht uralte Ressourcen

Wie es zur Bedrohung Klimawandel kommen konnte, ist bekannt. Durch die Verbrennung von Kohle, Öl und Erdgas in Automotoren und Kraftwerken entsteht Kohlendioxid, unter anderem Rinder, der Nassreisanbau oder die Abbauprozesse auf Mülldeponien setzen Methan frei. Die Konzentration der beiden Gase in der Lufthülle, die unsere Erde umschließt, steigt stetig. Sie wirken wie das Glas in einem Treibhaus, denn sie werfen die von der Erdoberfläche ausgehende Infrarotstrahlung, also die Wärmestrahlung zurück.

Zwar gäbe es ohne diesen Treibhauseffekt überhaupt kein Leben auf unserem Planeten, weil dann kein flüssiges Wasser existieren würde. Die Krux ist allerdings, dass sich im Vergleich zur vorindustriellen Zeit die Menge an sogenannten Treibhausgasen stark erhöht

hat. Es wird deshalb vor allem heißer - und das so schnell, dass sich die Ökosysteme nach Ansicht der meisten Experten zum Teil drastisch wandeln werden.

Engpässe bei der Nahrungsmittelversorgung drohen

Alles nicht so schlimm, und ein bisschen wärmer ist doch auch gut? Nun, in einigen Regionen wird eine höhere Temperatur tatsächlich positive Auswirkungen haben wie eine Verlängerung der Vegetationsperiode und damit reichere Ernten. Betrachtet man allerdings die gesamte Erde, sehen die Fachleute vor allem Probleme. Schmelzen die Polkappen, steigt der Meeresspiegel, sodass zahlreiche, meist sehr dicht besiedelte Küstenstädte und -regionen sowie sehr flache Inseln wie beispielsweise die Malediven vom Untergang bedroht sind.

In vielen Gegenden dürfte es so trocken und heiß werden, dass die landwirtschaftlichen Erträge stark zurückgehen oder mancherorts sogar gar kein Anbau mehr möglich sein wird. Insbesondere in China und Indien könnte es schwierig werden, die Bevölkerung zu ernähren. Dazu kommen Rückkopplungseffekte, die bisher nur ansatzweise abschätzbar sind. Taut etwa der Permafrostboden in Sibirien auf, werden Unmengen von Methan freigesetzt, was den Treibhauseffekt enorm verstärken dürfte.

Wetterextreme und Artensterben

Ein weiterer wichtiger Punkt ist die Zunahme von Wetterextremen. Erwärmt sich die Luft um nur ein Grad Celsius, kann sie sieben Prozent mehr Wasser aufnehmen. Geliefert wird es durch die steigende Verdunstung aufgrund der höheren Temperatur. Der Wasserkreislauf der Erde wird dadurch intensiver, das heißt, die Menge des transportierten Wassers steigt. Es wird also in vielen Regionen deutlich mehr regnen.

Kurz gesagt trocknen ohnehin bereits trockene Gebiete noch stärker aus, und wo es Überschwemmungen gibt, werden diese voraussichtlich häufiger als bisher auftreten. Schmelzen die Gebirgsgletscher weiter ab, verschlechtert sich die Wasserversorgung von Millionen von Menschen - etwa in den südamerikanischen Anden. Und weil die Energie von tropischen Wirbelstürmen mit der Lufttemperatur zunimmt, werden solche Wetterereignisse vermutlich im Durchschnitt heftiger ausfallen als bislang.

Doch damit nicht genug. Die Anpassungsfähigkeit zahlreicher Pflanzen und Tiere ist zu gering, um mit der Geschwindigkeit des Temperaturanstiegs Schritt zu halten. Eine Beschleunigung des Artensterbens wird befürchtet, die biologische Vielfalt könnte stark abnehmen – mit nicht kalkulierbaren Folgen, etwa dem Verlust biologischer Rohstoffe und wertvollen genetischen Materials. Manche Arten haben zudem Bedeutung als Apotheke der Natur, die also durch das Verschwinden zahlreicher Tiere und Pflanzen ebenfalls verarmen könnte.

Viele Veränderungen sind noch unklar

Für die Gesundheit relevant ist auch die stärkere Ausbreitung von Schädlingen in einem wärmeren Klima. Zu den Vorhersagen gehören das Wandern von Malaria oder Dengue-Fieber nach Europa. Die Zahl der Hitzetoten wird ebenfalls steigen, wobei dafür in nördlicheren Ländern weniger Menschen aufgrund von extremen Kältewellen sterben werden. Über all dies hinaus erwarten Wissenschaftler bislang noch nicht wirklich berechenbare Folgen – etwa die Veränderung von Meeresströmungen oder des Monsuns.

Was also tun? Zwar gibt es nationale Klimaziele und ein internationales Klimaschutzabkommen, das ein Großteil aller Staaten ratifiziert hat. Damit verbunden ist die Verpflichtung, die globale Erwärmung auf deutlich unter 2 °C im Vergleich zum vorindustriellen Niveau zu begrenzen. Angestrebt wird ein Anstieg von weniger als 1,5 °C. Nationale Aktionspläne zur Reduzierung der Treibhausgasemissionen sollen das Mittel sein, dieses Ziel zu erreichen. Bisher steht jedoch in den Sternen, ob das gelingt. Es wird daher immer mehr Konsens, dass Strategien zur Vermeidung von Treibhausgasemissionen nicht ausreichen. Wir müssen uns ebenso um Maßnahmen kümmern, mit denen sich die Folgen des Klimawandels mildern lassen. Das beginnt bei Ideen zur Kühlung von Häusern durch Grünbewuchs und geht bis zum Bau höherer Deiche an den Meeresküsten.

Revolution statt Evolution nötig

Ebenso wie die anderen Megatrends fordert der Klimawandel die Intelligenz und Kreativität der Menschen heraus. Immer schon haben wir es mit völlig neuen Bedingungen aufgenommen – so etwa, als unsere Vorfahren sich mit dem Rückgang des Regenwalds konfrontiert sahen und lernen mussten, sich im offenen Flachland der Savanne fortzubewegen und dort zu überleben. Die Affen gingen daher zum aufrechten Gang über, weil dieser den Vorteil mit sich brachte, potenzielle Feinde bereits aus der Ferne zu erkennen.

Allerdings dauerte es sehr lange, bis aus dem Vierfüßler ein Zweifüßler wurde. Heute dagegen sind wir gezwungen, uns wesentlich schneller zu wandeln. Wir haben nicht viele Generationen lang Zeit, um Globalisierung und Digitalisierung zu bewältigen. Und auch der Klimawandel geschieht so rasch, dass die langsame evolutionäre Anpassung vor allem eines ist: zu langsam! Vielmehr werden wir revolutionäre Maßnahmen brauchen – als Antwort auf ebenfalls revolutionäre Veränderungen! Man kann es nicht oft genug sagen: Nicht der Wandel an sich ist einzigartig, seine hohe Geschwindigkeit ist es.

IN KÜRZE

- Der Klimawandel geschieht so schnell, dass wir es mit einer Revolution zu tun haben!
- Der Klimawandel wird unsere natürlichen Lebensgrundlagen stark beeinflussen!
- Zu den Folgen des Klimawandels zählen mehr extreme Wetterereignisse, Überschwemmungen und Dürreperioden sowie Artensterben, die Ausbreitung von zahlreichen Krankheiten und vieles mehr.
- Der Klimawandel erfordert konsequentes Handeln aller Länder und vor allem aller Menschen!
- Dem Klimawandel muss auch mit Maßnahmen zur Anpassung - etwa dem Bau höherer Deiche - begegnet werden!

WANDEL IN DER ARBEITSWELT

Auch die Art und Weise, wie wir arbeiten, ändert sich grundlegend, was mit der Globalisierung und Digitalisierung zusammenhängt. Wer heute jung ist, kann sich nicht mehr darauf verlassen, später 35, 40 oder mehr Jahre in ein- und demselben Betrieb zu arbeiten. Karrieren wie früher, als man in einem Unternehmen vom Azubi bis zum Geschäftsführer aufsteigen konnte, werden vermutlich eher selten werden. Das bringt Unsicherheit mit sich, macht das Arbeitsleben jedoch auch spannender. Während früher Menschen mit sehr vielen verschiedenen Berufen

Exoten waren, dürfte sich darüber künftig kaum noch jemand wundern. Bürokauffrau, dann noch ein Soziologiestudium und eine Ausbildung zur Yogalehrerin? Warum nicht?

Viele Jobs verschwinden, andere entstehen

Erleichtert wird eine berufliche Neuorientierung durch neue Lernformen. Zwar gibt es lange schon Fernstudiengänge, die modernen digitalen Tools aber erleichtern das Lernen ohne Präsenz vor Ort. Damit wird es mehr Beschäftigten - und natürlich auch Selbstständigen - als einst möglich sein, sich permanent im eigenen Bereich fortzubilden oder eben zusätzlich beziehungsweise alternativ Kenntnisse auf völlig anderen Gebieten zu erwerben.

Ersteres ist schon jetzt unverzichtbar, Letzteres dürfte mehr und mehr werden. Warum? Weil heute kaum ein Berufsfeld davor gefeit ist, dass Maschinen oder Computerprogramme Tätigkeiten übernehmen, die zuvor von Menschen ausgeführt wurden. Manche Jobs werden schlicht wegfallen, und wer dann nicht in die Arbeitslosigkeit rutschen möchte, der muss sich nach Alternativen umschauen. Und das sollte er frühzeitig tun, also nicht abwarten, bis er bereits ohne Job dasteht.

Freie Kapazitäten für Neues

Häufig wird diese Entwicklung ausschließlich negativ beurteilt. Das ist sie jedoch keineswegs, obwohl weniger Sicherheit zweifellos und verständlicherweise Angst erzeugt. Auf der anderen Seite erhöhen Maschinen und Computer die Produktivität, was zum einen zahlreiche Produkte verbilligt und zum anderen Arbeitskräfte und finanzielle Mittel für die Entwicklung von Neuem freisetzt. Innovationen werden Angebote schaffen, die man sich heute noch gar nicht vorstellen kann.

Zudem müssen Maschinen, Roboter und intelligente Software keineswegs als Feinde betrachtet werden. Sie entlasten auch, weil sie zahlreiche eher langweilige Arbeitsgänge übernehmen. Wer möchte schon stundenlang immer denselben Handgriff wiederholen? Zudem agieren nichtmenschliche »Arbeiter« fehlerloser, als der Mensch das vermag, denn sie werden nicht müde, sind nie unkonzentriert und nie lustlos. Sie sparen uns eine Menge Stress und sorgen in vielen Bereichen für mehr Sicherheit. Bereiche nämlich, in denen allerhöchste Zuverlässigkeit unabdingbar ist - beispielweise bei der Kontrolle der Stromnetze oder auch bei der Produktion von Präzisionsteilen.

Beispiel: die neue Welt der Vermögensanlage

Oft wird auch die eigene Arbeit abwechslungsreicher und erfolgreicher, weil die Digitalisierung für mehr Informationen sorgt und unvergleichlich viel schneller als der Mensch Daten verarbeiten kann. Zu beobachten ist das etwa im Vermögensmanagement. Hier gewinnen Unternehmen an Boden, die sogenanntes Robo Advisory anbieten. Auch den weniger vermögenden Kunden wird damit eine diversifizierte Anlage beispielsweise in Aktien und Anleihen ermöglicht, ohne dass dies Unsummen kostet.

Trotzdem hat der Finanzdienstleister noch genug zu tun, denn die allermeisten Anleger wollen sich nicht ganz auf Algorithmen verlassen, sondern zusätzlich persönliche Beratung genießen. Weil aber eben diese Algorithmen ihm eine Menge an Analyse abnehmen, kann sich der Berater noch intensiver mit dem einzelnen Kunden befassen. Im Ergebnis ergibt es also eine Mischung zwischen Robo Advisory und der klassischen Vermögensverwaltung mit Hilfe eines persönlichen Ansprechpartners. Eine Win-Win-Situation. Die Bank spart Kosten, der Kunde erhält eine wirklich individuelle und zugleich bezahlbare Beratung.

3-D-Druck und Drohnen und noch viel mehr

Die Potenz der virtuellen Analysesysteme hat auch Zukunftsforscher Kai Gondlach erkannt. Sie würden viele der früheren Berater und Experten ersetzen. In naher Zukunft werde es möglich sein, Organe und ganze Häuser dreidimensional zu drucken und Drohnen mit Gedanken zu steuern, so Gondlach.[5] Solche Prognosen lassen erahnen, welche Revolution uns aus der Welt der Produkte und Dienstleistungen bevorsteht. Selbstverständlich wird dies auch ganz besonders die Arbeitswelt beeinflussen und verändern - sowohl im Hinblick auf das, was hergestellt oder angeboten wird, als auch im Hinblick auf die Arbeitsweise.

Von den Neuerungen im Allgemeinen und insbesondere von der Digitalisierung betroffen sind tatsächlich so gut wie alle Branchen. Roboter und neue Technologien ersetzen teilweise die menschliche Arbeitskraft, das Unternehmen der Zukunft könnte mit vernetzten Maschinen und Geräten ausgestattet sein, die sich selbst beziehungsweise gegenseitig steuern. Manche klassischen Jobs wird es also wohl tatsächlich bald nicht mehr geben, andere haben eine umfassende Transformation vor sich. »Viele Berufe fallen nicht weg, sondern wandeln sich«, bestätigt Holger Bonin vom Zentrum für Europäische Wirtschaftsforschung. Das Institut hat analysiert, wie viele Arbeitsplätze einen hohen Grad an Automatisierungswahrscheinlichkeit aufweisen. Es sind lediglich zwölf Prozent, und auch bei diesen werden im Regelfall Computer nur einen Teil der Tätigkeiten übernehmen.[6]

Berufliche Neuorientierung wird einfacher

Dort, wo sich ein Beruf wandelt, geschieht dies meist zum Vorteil sowohl dessen, der diesen Job ausübt, als auch des Kunden. Wer es schafft, nicht am Alten zu hängen und den nötigen Wandel als Chance begreift, der wird von den neuen Möglichkeiten profitieren. Sicher gilt das nicht für jeden Beruf, doch in keiner anderen Zeit war es einfacher, in jedem Lebensalter noch einmal durchzustarten. Was dafür wichtig ist, sind Strategien für Motivation und Erfolg – von beidem wird in diesem Buch ausführlich die Rede sein.

Wie nun genau die Arbeit in einem digitalisierten Umfeld aussehen wird, das ist umstritten beziehungsweise schlicht noch nicht absehbar. Nach einer Studie der INSM (Initiative Neue Soziale Marktwirtschaft) ist etwa offen, ob sich die Lohnstruktur und die Einkommensperspektiven von bestimmten Beschäftigtengruppen ausdifferenzieren, also eine größere Bandbreite als heute aufweisen werden. Dasselbe gilt nach den Erkenntnissen der INSM für die Frage, ob sich leistungs-, erfolgs- und zielorientierte Vergütungsmodelle weiter verbreiten werden.

Solche Modelle könnten durch mehr Dezentralisierung bei Entscheidungsbefugnissen und -verantwortung begünstigt werden. Dieser Trend wird von Beschäftigten offenbar positiv beurteilt. Sie gewinnen an Spielräumen, die es ihnen erleichtern, die höheren Anforderungen - Stichworte Termin- und Leistungsdruck sowie Multitasking - zu bewältigen. Anders als oft gemutmaßt, erkennt die INMS keine Indizien für eine stärkere psychische Belastungssituation der Beschäftigten. Selbst wer in der Freizeit für sein Unternehmen erreichbar sein muss, empfindet das selten als sehr belastend.[7]

Arbeitnehmer brauchen neue Kompetenzen

Kein Grund also, die kommenden Änderungen der Arbeitswelt zu fürchten? Nun, Angst ist immer ein falscher Ratgeber, allzu große Sorglosigkeit allerdings auch. Wie die INMS-Studie zeigt, werden nämlich künftig durchaus andere Kompetenzen gebraucht als heute. Betrachtet wurden Unternehmen 4.0, also Betriebe, in denen die industrielle Produktion mit moderner Informations- und Kommunikationstechnik verzahnt wird. Solche Firmen hat die INMS mit der Vorgängerstufe Industrie 3.0 verglichen und zudem die Entwicklung in den nächsten zehn Jahren abgeschätzt.

Ergebnis: In über 87 Prozent der Unternehmen 4.0 ist schon jetzt Kommunikations- und Kooperationsfähigkeit eine wichtige Kompetenz, und in 83 Prozent dieser Unternehmen wird deren Bedeutung steigen. Ähnliches gilt für die Planungs- und Organisationsfähigkeit, das berufliche und betriebliche Erfahrungswissen, technisches Fachwissen, Onlinekompetenzen und IT-Fachwissen. Im Gegensatz dazu ist etwa handwerkliches Geschick nur in jedem fünften Unternehmen 4.0 von Belang, und die Relevanz dieser Kompetenz wird auch nur in rund 20 Prozent der Unternehmen 4.0 steigen.[8]

Natürlich werden innerhalb einer Firma nicht alle Bereiche gleich stark von diesem Wandel betroffen sein. In manchen werden die Veränderungen rasanter und umstürzend sein, in anderen vergleichsweise langsam und organischer passieren.

Dennoch sollten wir uns alle darauf einstellen, dass wir uns entsprechend fort- und weiterbilden müssen, um für die Arbeitsmärkte der kommenden Jahrzehnte gewappnet zu sein.

Die vierte industrielle Revolution ist in vollem Gange

Fort- und weiterbilden müssen? Wer es schafft, das Verb müssen durch das Verb dürfen zu ersetzen, der hat die richtige Einstellung. Er weiß, dass er in einer spannenden Zeit lebt, die ihm mehr Chancen eröffnet als Steine in den Weg legt. Diese spannende Zeit wird in Bezug auf die Arbeitswelt auch als vierte industrielle Revolution bezeichnet. Während die erste von der Dampfmaschine ausgelöst wurde, schuf die zweite mit der Verwendung von Strom die Massenproduktion, und die dritte ermöglichte mit Hilfe von Elektronik und Informationstechnologie die Automatisierung der Produktion.

Bei der vierten »Auflage« haben wir es mit der Verzahnung von Produktion sowie moderner Informations- und Kommunikationstechnik zu tun. Mittel ist die Digitalisierung, die eine totale Vernetzung erlaubt. Hierzu zählt das schon erwähnte Internet of Things mit dem Beispiel des Kühlschranks, der seinen Inhalt selbst im Supermarkt bestellt. Andere Beispiele sind kleine Geräte, die permanent unseren Gesundheitszustand checken, sogenannte Wearables.

Dematerialisierung ante portas?

Manche Experten gehen sogar noch über die Vernetzung von allem hinaus, indem sie die Abschaffung vieler materieller Dinge voraussehen. Ralf Kreutzer, Professor für Marketing an der Hochschule für Wirtschaft und Recht in Berlin, und der Unternehmensberater Karl-Heinz Land haben zu diesem Thema ein Buch geschrieben, das den Titel »Dematerialisierung« trägt. Untertitel: Die Neuverteilung der Welt in Zeiten des digitalen Darwinismus. Schlüssel, Kreditkarte, Flugticket, Bahnticket, Geld würden auf einmal zur Software, zu einer Anwendung auf dem Smartphone. Man brauche also viele Dinge nicht mehr physisch herzustellen.[9]

Eine solche Entwicklung hätte enorme Vorteile. Wir würden Ressourcen wie Energie und Rohstoffe sparen, wären von weniger materiellem Ballast umgeben. Allerdings wird der Mensch ein Wesen bleiben, das sehen, hören, riechen, schmecken und berühren möchte. Es wird daher immer eine Menge an Gegenständen geben, die weiterhin tatsächlich produziert werden und nicht nur als Datensatz existieren, der hin- und hergeschickt werden kann. Dennoch dürfte unsere Welt in der Tat virtueller werden, und vor allem wird die Vernetzung das tägliche Leben auf den Kopf stellen.

Das Alte loslassen, das Neue begrüßen

Und wieder sind es unter anderem die enorme Geschwindigkeit und die gleichzeitige Erfassung der gesamten Welt, welche den aktuellen Wandel von den vorhergehenden Revolutionen unterscheidet. Man könnte sagen, die Änderungen geschehen nicht mehr linear, sondern exponentiell. Soll heißen: Das Tempo erhöht sich ständig. Wir haben es – als Vergleich – mit einem Auto zu tun, das permanent beschleunigt, bei dem also nicht nur die Geschwindigkeit immer höher wird, sondern auch der Zuwachs an Geschwindigkeit pro Zeiteinheit. Das Auto kommt dem Ziel, würde es ein solches im Sinne eines Endpunktes der Entwicklung geben, jedes Jahr um ein Vielfaches näher als im Jahr zuvor. Und dasselbe gilt für die zu beobachtende Veränderung unserer Art zu arbeiten. Auch die beschleunigt sich immer mehr.

Verständlich, dass dies so gut wie alle Branchen und Berufe tangiert, wenn auch nicht überall einfach ein Roboter den Menschen verdrängt. Letztlich wird der Wandel der Arbeitswelt viel mehr betreffen als nur die erforderlichen Qualifikationen und Kompetenzen. Auch die Organisation, das Management, Produktion, Qualitätskontrolle, Vertrieb etc. dürften neu erfunden werden. Worauf es in dieser Situation ankommt, ist, nicht am Alten zu hängen und das Neue mit Neugier und Engagement zu begrüßen. Gewinner werden diejenigen sein, die sich in diesen Zeiten der Veränderung genauso, ja sogar mehr motivieren können als bisher. Wie das gelingt, dazu erfahren Sie mehr in den weiteren Kapiteln.

IN KÜRZE

- **Digitalisierung, künstliche Intelligenz und Roboter werden viele Jobs verschwinden lassen!**
- **Eine dauerhafte Beschäftigung in nur einem Unternehmen wird zur Seltenheit werden!**
- **Immer mehr Menschen werden im Laufe ihres Lebens mehrere verschiedene Berufe haben!**
- **Jeder muss heute lebenslang dazulernen, um in seinem Job wettbewerbsfähig zu sein!**
- **Die neue Arbeitswelt bringt auch neue Chancen, mehr Freiheit und mehr spannende Herausforderungen!**

TAUSEND UND EINE MÖGLICHKEIT

Wie wir gesehen haben, leben wir in überaus aufregenden Zeiten. In Zeiten, in denen sich sehr vieles in revolutionärer Art verändert. Zeiten, die enorme Chancen eröffnen und in denen in jedem Fall die Vielfalt der Möglichkeiten explodiert. Toll, wenn man es mit dem vergleicht, was unseren Eltern und Großeltern geboten wurde. Warum aber fühlen sich dennoch so viele Menschen - vielleicht dann und wann auch Sie - gestresst und grassiert die Furcht, beruflich ins Hintertreffen zu geraten beziehungsweise das übrige Leben nicht mehr meistern zu können? Eine Antwort lautet: Gerade weil die Vielfalt so groß geworden ist!

Schon ein simpler Einkauf im Supermarkt kann Stress erzeugen. »Choice Overload Effect« nennen das die Wissenschaftler. Der Begriff wurde geprägt von der US-Psychologin Sheena Iyengar, die gemeinsam mit ihrem Doktorvater Mark Lepper mit einer bahnbrechenden Veröffentlichung die »Too Much Choice«-Forschung begründete.[10] Gemeint sind Probleme, die wir bekommen, wenn wir uns zwischen zahlreichen Varianten entscheiden müssen. Allein die Frage, welcher Joghurt in den Einkaufswagen wandern soll, kann so manchen vor eine schwierige Aufgabe stellen. Schließlich ist niemand in der Lage, alle Zutatenlisten der gefühlt unendlich vielen Angebote zu lesen und zu analysieren. Dann sind da noch der Geschmack, die Kalorienzahl, der Preis, die Menge, das Design des Bechers. Und wer es auf die Spitze treiben wollte, der könnte sich über die jeweiligen Hersteller informieren - im Allgemeinen oder zum Beispiel im Besonderen über deren Umwelt- oder Sozialstandards.

Entscheidungen werden immer schwerer

Und das für jedes Produkt? Unmöglich! Wir versuchen daher, die bunte Vielfalt auszublenden, einfach einen Joghurt zu nehmen und bei diesem - oder zumindest der Marke - zu bleiben. Bei Lebensmitteln funktioniert das in der Regel noch ganz gut, aber was ist bei teuren Anschaffungen, die wir Wochen, Monate oder gar Jahre nutzen? Das neue Handy etwa sowie der dazu nötige Vertrag mit einem Mobilfunkanbieter. Oder das Auto, die Couchgarnitur, der Fernseher, der Computer.

Auch die Auswahl des Urlaubsziels und der Hotels vor Ort sind oft eine Herausforderung, will doch niemand etwas falsch machen, wenn es um die schönsten Wochen des Jahres geht. Eine weitere Größenordnung diffiziler ist das »Ja« zu einem Partner. Passt der wirklich oder gibt es nicht irgendwann irgendwo etwas Besseres in der realen Welt oder in den Dutzenden Onlinepartnerbörsen?

Entscheidungen für andere oder für uns selbst

Wie schwierig das Eingrenzen der Möglichkeiten und schließlich das Heben des Daumens für eine davon wirklich ist, hängt auch davon ab, für wen wir die Entscheidung treffen. Das hat zumindest der Marketingexperte Evan Polmann herausgefunden, der heute Assistent Professor an der Wisconsin School of Business ist. In seiner Zeit an der Stern School of Business der New York University befasste sich Polmann im Rahmen einer Studie damit, wie sich Entscheidungen für einen selbst von denen für andere unterscheiden.

Das Ergebnis: Im ersten Fall sind uns wenige, im zweiten Fall aber viele Optionen lieber. Belegt hat Polmann das unter anderem mit folgendem Experiment: 125 Studenten sollten die Wandfarbe sowohl für ihr eigenes als auch für ein fremdes Schlafzimmer auswählen. Eine Hälfte hatte acht Farben, die andere 35 zur Verfügung. Nach der Entscheidung waren diejenigen, bei denen es ums eigene Zimmer ging, zufriedener, wenn sie nur acht Optionen gehabt hatten. Sollten sie dagegen die Entscheidung für jemand anderen treffen, waren den Studenten die 35 Optionen lieber.[11]

Wieso gibt es diese Differenz? Wieso wollen wir für uns selbst weniger und für andere mehr Auswahlmöglichkeiten? Um das zu verstehen, hilft es, sich das Spannungsfeld anzuschauen, das mit jeder Entscheidung verbunden ist. Der US-amerikanische Psychologieprofessor E. Tory Higgins von der Columbia University entwarf dazu die Theorie des regulatorischen Fokus (Regulatory Focus). Danach kommt unsere Zerrissenheit daher, dass wir zum einen Verluste vermeiden und uns zum anderen Wünsche erfüllen möchten.

Chancen wahrnehmen oder Verluste vermeiden?

Wir brauchen also sowohl Sicherheit und die Wahrung dessen, was wir bereits haben (Prevention Focus), als auch Weiterentwicklung und Verbesserung, was zu einer auf Gewinne ausgerichteten Strategie führt (Promotion Focus). Sind wir nun in der Situation, für einen anderen etwas zu entscheiden, überwiegt der Wille, nichts zu übersehen. Wir wollen dem anderen einen Gewinn verschaffen und suchen deshalb lieber aus vielen Möglichkeiten aus.

Bezogen auf unser eigenes Leben, steht dagegen das Vermeiden von Verlusten im Vordergrund. Das Schlimmste wäre, eine falsche Entscheidung zu treffen, die uns schlechter dastehen ließe als zuvor. Also sind wir glücklicher, wenn wir nicht allzu viele Optionen haben, weil so gefühlsmäßig die Wahrscheinlichkeit sinkt, etwas Falsches herauszupicken. Zwar entgehen uns damit höchstwahrscheinlich viele tolle Dinge, doch das nehmen wir in Kauf. Einen Verlust zu vermeiden, hat Priorität! [12]

Angst versus Wahrnehmen von Chancen

Denkt man genauer über diese Erkenntnisse nach, wird es interessant. Offenbar wurzelt die Überforderung in unserer so bunt gewordenen Welt häufig in Angst. Wir fürchten uns davor, etwas zu verlieren. Folge ist psychischer Stress bei notwendigen Entscheidungen oder eben auch die Flucht in die Nicht-Entscheidung. Letzteres verhindert natürlich das Wahrnehmen von Chancen in Form von Handeln und damit persönliche Weiterentwicklung, mehr Zufriedenheit und Erfolg.

Dass unser Leben komplexer geworden ist, kann man weder leugnen noch ignorieren. Das Mindeste ist, es zu akzeptieren. Besser aber wäre, sich darüber zu freuen. Im Grunde einfach, wünscht sich doch letztlich fast jeder mehr Spannung, Neues und Überraschungen. Ja, all das kann auch Negatives bringen, doch im Rückblick werden wohl die allermeisten Menschen feststellen: Das, was mir anfangs suspekt war und wozu mir der Mut fehlte, hat dann oft auch sehr viel Positives gebracht.

IN KÜRZE

- **Bei nahezu allen Produkten und Dienstleistungen nimmt die Auswahl stark zu!**
- **Die Vielzahl der Optionen zwingt uns immer öfter zu schwierigen Entscheidungen!**
- **Mehr Vielfalt eröffnet mehr Chancen zur beruflichen und persönlichen Weiterentwicklung!**
- **Wie die unendlich vielen Möglichkeiten sich auswirken, ist vor allem eine Sache der Einstellung!**
- **Angst vor Verlust verhindert oft das Wahrnehmen von Chancen zur Verbesserung.**

AUFGABE

Überlegen Sie, welche Veränderungen Sie entscheidend betreffen! Und notieren Sie auch, welche Handlungsschritte sich daraus für Sie ergeben und wann Sie diese umsetzen!

»Rasante Veränderung ist das Einzige, was heute allen Lebensbereichen gemeinsam ist.«

WIE WIR UNS VERÄNDERN KÖNNEN

KAPITEL 2

Wie wir gesehen haben, leben wir in einer Zeit mit Veränderungen, wie es sie in dieser Art noch niemals in der Menschheitsgeschichte gegeben hat. Sehr bald wird nahezu überall nahezu alles ganz anders sein, als wir es kennen. Ein rasendes Tempo und ein so tiefgreifender Wandel, dass dazu besser der Begriff Revolution als Evolution passt. Anstelle einer langsamen stetigen Entwicklung haben wir es mit häufig abrupten Wechseln zu tun. Manche sprechen auch von disruptiven Erschütterungen. In Bezug auf eine Technologie oder ein Produkt sind das Neuerungen, die das Bestehende völlig verdrängen. Die Verbreitung und die

Absatzzahlen explodieren geradezu, was Investitionen in die Verbesserung der Neuheiten ermöglicht. So perfektioniert sich rasch, was vielleicht anfangs dem Alten noch unterlegen war und oft sogar belächelt wurde. Beispiele sind die Digitalkamera, das Desktop-Publishing und das Smartphone mit Touchscreen.

Wie wir ebenfalls gesehen haben, stellen uns die vielfältigen Veränderungen vor große Herausforderungen. So mancher versucht, den Kopf in den Sand zu stecken. Andere geraten unter Stress, weil sie nicht wissen, wie sie reagieren sollen. Beides hemmt, raubt Energie, treibt in übereilte falsche Entscheidungen oder in die Passivität. Bei Lichte betrachtet gibt es nur eine Lösung: Wir alle müssen uns selbst verändern! Klingt anstrengend, und das ist es auch. Doch es ist gleichzeitig ein Abenteuer!

Wer will denn wirklich noch einen monotonen 40-Stunden-Job machen, der heute genauso abläuft, wie er vor zehn Jahren ablief und wie er in 20 Jahren ablaufen wird? Wer will bei der Partnerwahl auf seine Region, wer beim Einkaufen auf nur wenige Produkte beschränkt sein? Wer will auf das Internet verzichten, wer auf sein Smartphone? Sehr wenige Menschen werden sich bei diesen Fragen melden. Auch Sie werden höchstwahrscheinlich den Arm unten lassen.

Damit haben Sie wie all die anderen die Aufgabe, sich auf Veränderung einzulassen – und damit bei sich selbst anzufangen.

DIE ANSPRÜCHE ERHÖHEN

Wenn Sie nun den Drang verspüren, etwas zu verändern, wenn Sie deutlich merken, dass etwas geschehen muss: Was sollten Sie dann als Allererstes tun? Ihre Ansprüche erhöhen! Also sich nicht mit dem Mittelmaß oder der zweitbesten Lösung zufriedengeben, sondern nur das als genug betrachten, was Sie wirklich wollen! Ein Mensch, der genügsam ist, wird eher passiv sein. Einer, der dagegen hohen Zielen zustrebt, ist quasi im positiven Sinne zur Aktivität »verdammt«.

Allerdings braucht es eine Menge an Mut, anspruchsvoll zu sein. Es wird innere und äußere Widerstände geben. Sich gegen diese zur Wehr zu setzen, erfordert ein klares Ja zu sich selbst. »Ja, ich bin einzigartig. Ja, ich habe verdient zu erreichen, was ich mir wünsche. Ja, ich will genau das und nicht einen faulen Kompromiss.« Wenn Sie erst einmal so zu sich selbst sprechen, werden Sie schnell feststellen: Wir Menschen sind adaptive Wesen. Wir belassen unsere Energie genau auf dem Level, das wir benötigen. Und wir heben sie auf ein viel höheres Level, wenn unsere Ansprüche das unabdingbar machen.

Bau von Luftschlössern ist kontraproduktiv

Selbstverständlich funktioniert das nur so lange, wie Sie den Bogen nicht überspannen. Es führt zu nichts, seine Ansprüche in Richtung einer Utopie zu steigern. Sind Träume nicht einmal prinzipiell erfüllbar, frustrieren sie eher, als dass sie anspornen. Sie merken dann rasch, dass all die eingesetzte Energie letztendlich vergeudet ist. Das demotiviert, statt Kräfte freizusetzen. Als Folge kommen Sie viel weniger weit, als dies mit zwar ehrgeizigen und Mut erfordernden, doch auch erfüllbaren Ansprüchen möglich wäre.

Ohne Zweifel ist es schwierig, die Grenze zwischen dem Irrealen und dem noch Machbaren zu erkennen. Vor allem Menschen, die sich meist wenig zutrauen, die zur Passivität neigen und die sich schnell zufriedengeben, sollten ganz bewusst gegensteuern, also sich immer wieder selbst fragen: Reicht mir das, was ich habe, wirklich? Und ist das, was ich anstrebe, genug? Sind da keine ehrgeizigeren Träume, ist da nicht etwas, das Ihre Augen leuchten lässt, wenn Sie nur daran denken?

Der deutsch-schweizerische Schriftsteller und Dichter Hermann Hesse sagte: »Damit das Mögliche entsteht, muss immer wieder das Unmögliche versucht werden.« Halt, werden Sie vielleicht sagen. Haben wir nicht gerade gesagt, unrealistische Ansprüche demotivieren eher, als dass sie zu Höchstleistungen führen? Stimmt, doch »unmöglich« gehört nicht unbedingt in die Kategorie Utopie. Was Sie für unmöglich halten, ist es oft nur in Ihrem Kopf. Sie belegen es einfach deshalb mit diesem Wort, weil es Ihnen als zu schwierig, zu langwierig oder zu risikoreich erscheint. All das mag es tatsächlich sein - sofern Sie das Wörtchen »zu« weglassen. Wollen Sie etwas aus vollem Herzen, wird es kein »zu schwierig« geben, sondern nur ein »schwierig«. Kein Grund also, es zu verwerfen! Dafür jede Menge Gründe, sich inspirieren zu lassen, weil das Energien freisetzt, die Kreativität erhöht und die Ausdauer ebenso.

Tatsächliche Grenzen von nur scheinbaren unterscheiden

Natürlich darf es nur um eingebildete Limits gehen, nicht um die realen. Sind Sie über 30 und können Sie nicht Schlittschuh laufen, werden Sie hundertprozentig niemals eine Medaille im Eiskunstlauf gewinnen.

Das ist absolut unmöglich, nicht lediglich in Ihrem Kopf. Auch wenn Sie wie ein Wahnsinniger trainieren und alles andere dafür aufgeben würden: Sie kämen selbst bei größtem Talent nicht einmal ansatzweise in Reichweite einer Medaille, sondern würden höchstwahrscheinlich nur ein guter Freizeitläufer werden.

Sind Sie dagegen seit Jahren im Vertrieb tätig und möchten nun die Karriereleiter in Ihrem Unternehmen hinaufklettern, mag das äußerst schwierig und kompliziert sein. Vielleicht gibt es zahlreiche Mitbewerber, vielleicht ist man noch nicht wirklich auf Sie aufmerksam geworden, vielleicht haben Sie auch Angst vor der Verantwortung. Der Anspruch, mehr als das aktuell Erreichte zu haben, ist dennoch ein in dieser Welt machbarer Traum. Haben Sie das einmal verstanden, sind Sie schon auf dem Weg zur Realisierung. Sie werden dann nicht mehr mit der aktuellen Position zufrieden sein. Ihre Ansprüche sind ganz einfach andere geworden.

Irgendwie durchkommen ist nicht genug

Was das bringt? Sehr viel! Schließlich findet Erfolg im Kopf statt. Ja, da sind Qualifikationen, da sind auch Zufälle. Oft wird von Glück gesprochen, wenn man erklären will, warum die oder der so großen Erfolg hat. Schauen Sie jedoch genauer hin, ist immer die Geisteshaltung das, was den Unterschied macht. Wer lediglich den Anspruch hat, irgendwie durchzukommen, der wird aller Voraussicht nach genau das tun: irgendwie durchkommen. Ihnen reicht das höchstwahrscheinlich nicht. Denn: Sie lesen dieses Buch, um mehr darüber zu erfahren, was erfolgreicher macht und was Sie motiviert.

Ein spannendes Leben ist eben für die allermeisten etwas anderes als bloßes Durchlavieren. Deshalb erhöhen Sie unbedingt Ihre Ansprüche über das Maß hinaus, das sehr leicht erreichbar ist. Kultivieren Sie Ihren Ehrgeiz, denn der ist nötig, um rauszukommen aus dem Business as usual. Oft wird ein bestimmtes Ereignis die Initialzündung für eine solch grundlegende Veränderung sein. Das kann ein Persönlichkeitsseminar sein, in dem man die eigenen Muster erkennt und die Kompassnadel neu justiert. Oder aber die Beförderung eines Kollegen. Zwar mögen

Sie ihm diese gönnen, aber wenn Sie ehrlich zu sich selbst sind, dürfte auch ein wenig Neid im Spiel sein. Gut so, wenn Sie den nicht gegen den anderen richten, sondern für sich selbst nutzen!

Anstrebungsziele statt Vermeidungsziele setzen

Und da ist noch ein Punkt: In schwierigen Situationen darf man nicht in der Perspektive der Vermeidung denken. Besonders häufig erlebe ich das in meiner Tätigkeit als Mentaltrainer, vor allem im Leistungssport. Als ich vor etlichen Jahren mein erstes Engagement in der Fußballbundesliga hatte, wurde ich vor der Saison 2007/2008 ins Trainingslager von Eintracht Frankfurt gerufen. Ich fragte die Spieler des Vereins nach dem Ziel für die laufende Saison, und die Antwort lautete fast durch die Bank: nicht absteigen! Ganz klar ein Vermeidungsziel und zudem eine gefährliche Formulierung, denn Negationen kennt unser Unterbewusstsein nicht. Dort kam also die Botschaft »Absteigen!« an. Fatal!

Meine Aufgabe beim großen hessischen Traditionsclub bestand nun u. a. darin, aus dem Vermeidungsziel »Nicht absteigen« ein Anstrebungsziel zu machen. Und das lautete: »45+. Also: Bis zum Ende der Saison erreichen wir 45 oder mehr Punkte.« Denn mit 45 Punkten wäre man im gesicherten Mittelfeld und hätte nichts mit dem Abstiegskampf zu tun. Letzten Endes ging es darum, mentale Ressourcen zu nutzen. Die gesamte Mannschaft nahm dies an und schwor sich auf das neue Ziel, das Anstrebungsziel, ein. Ergebnis: Die Eintracht schaffte 23 Punkte in der Hinrunde, die zusammen mit den 23 Punkten aus der Rückrunde exakt 46 Zähler ergaben. 45+!

War das vielleicht Zufall? Definitiv nicht. Ich bin davon überzeugt, dass Erfolg im Kopf entsteht – vorausgesetzt, er ist prinzipiell möglich. Zwar sind Anstrebungsziele noch keine Garantie dafür, erfolgreich zu sein, doch sie sind sicher eine unverzichtbare Basis. Das heißt: Formulieren Sie für Ihre Zukunft, was Sie Positives erreichen möchten. Und reden Sie nicht ständig darüber oder denken Sie nicht immerwährend daran, welches Übel Sie vermeiden, welche Katastrophen nicht eintreten sollten. Diese würden sich sonst nur in Ihrem Unterbewusstsein festsetzen, während etwas Erstrebenswertes Sie aktiviert und motiviert.

IN KÜRZE

- **Geben Sie sich nicht zu leicht mit dem zufrieden, was Sie bereits erreicht haben!**
- **Überlegen Sie, wo Sie wirklich hinwollen, von was Sie schon immer geträumt haben, was den Unterschied ausmacht!**
- **Schrauben Sie Ihre Ansprüche in die Höhe, ohne deshalb Luftschlösser zu bauen!**
- **Nutzen Sie anspornende Ereignisse in Ihrem Umfeld, um Ihren Ehrgeiz zu befeuern!**
- **Versuchen Sie nicht, etwas Schlimmes zu vermeiden, sondern vielmehr etwas Positives zu realisieren.**
- **Unterscheiden Sie die tatsächlichen, nicht änderbaren Grenzen von den nur scheinbaren, also eingebildeten. Und dann ignorieren Sie die Limits, die es nur in Ihrem Kopf gibt.**

LIMITIERENDE ÜBERZEUGUNGEN ÄNDERN

Möglichweise fragen Sie sich nun, wie Sie es schaffen sollen, Ihre Ansprüche in die Höhe zu schrauben. Ja, klar, prinzipiell möchten Sie schon irgendwie mehr erreichen. Und wenn Sie genau darüber nachdenken, wissen Sie vermutlich auch, was im Grunde Ihr Anspruch an sich selbst und Ihr Leben ist. Nur ist da bei vielen Menschen ein großes Aber: Sie glauben nicht daran, dass diese hohen Ansprüche ihnen sozusagen zustehen. Genauer gesagt handelt es sich sogar um ein doppeltes Aber. Das zweite lautet: Ich schaffe das ohnehin nicht, weil ich dies und weil ich das. Bei »dies« und »das« handelt es sich um Überzeugungen, die sich von Mensch zu Mensch unterscheiden, die jedoch alle dieselbe Wirkung haben: Sie sind limitierend, sie setzen uns sehr enge Grenzen, sie hindern uns am Träumen großer Träume und vor allem am Handeln, also am Realisieren.

So gut wie jeder Mensch ist Opfer solch limitierender Überzeugungen, wenn er nichts dagegen unternimmt. Beispiele dafür sind: Ich bin zu jung. Ich bin zu alt. Ich kann nicht überzeugend auftreten. Ich trete zu forsch auf. Ich bin schon zu lange in diesem Job. Ich bin noch nicht lange genug in diesem Job. – Merken Sie etwas? Egal, ob Schwarz oder Weiß: Nahezu alles kann zu einer limitierenden Überzeugung werden.

Dabei spielt kaum eine Rolle, ob das Behauptete erstens überhaupt zutrifft und ob es zweitens tatsächlich ein Hindernis für das darstellt, was man gerne erreichen möchte. Das Resultat ist dagegen sehr klar: Die limitierenden Überzeugungen haben den gleichen Effekt wie eine angezogene Handbremse beim Autofahren. Sie bremsen uns bis hin zum Stillstand und – schlimmer noch – sie können die ganze Maschinerie zerstören.

Die Bremse im Gehirn lösen

Sitzen wir im Auto und ist die Handbremse angezogen, was tun wir? Ganz klar: Wir lösen die Bremse, statt mehr Gas zu geben, weil Letzteres unser Auto ruinieren würde. Warum machen wir es mit unserem Gehirn nicht genauso? Weil starke Kräfte dagegenarbeiten. Wer eine negative Meinung oder einen negativen Glaubenssatz oft wiederholt – ob zu anderen gesagt oder zu sich selbst oder auch nur gedacht –, der verfestigt diese immer mehr.

Kommen dann Erlebnisse hinzu, die diese Meinung oder diesen Glaubenssatz zu bestätigen scheinen, wird daraus eine meist sehr stabile Überzeugung mit weitreichenden Folgen. Beispiel: Sie halten sich für zu jung für einen bestimmten Posten in Ihrem Unternehmen. Bewerben Sie sich trotzdem und werden Sie mit genau dem Argument, Sie seien ja noch nicht einmal 30, zurückgewiesen, bestätigt sich Ihr negativer Glaubenssatz und läuft Gefahr, zu einer Überzeugung zu werden.

Transformation in positive Überzeugungen

Haben Sie jedoch diesen Mechanismus erkannt, sind Sie bereits auf dem besten Weg, ihn zu durchbrechen. Machen Sie sich klar, dass eine »Bestätigung« nicht automatisch richtig ist. Arbeiten Sie bewusst gegen die Gefahr zu verallgemeinern. Analysieren Sie, warum Herr oder Frau XY Sie als zu jung bezeichnet hat. Möglicherweise ein vorgeschobener Grund, und der wahre Grund ist ein ganz anderer. Persönliche Animositäten oder ein enger persönlicher Kontakt des Entscheiders zu einem anderen Bewerber. Beim nächsten Versuch kann alles schon völlig anders aussehen. Und dafür können Sie eine Menge tun! Wie? Sie erhöhen die Wahrscheinlichkeit, dass es anders laufen wird, indem Sie aus Ihrer negativen, limitierenden Überzeugung eine positive, antreibende machen. Die nämlich verleiht Rückenwind. Sie wirkt wie ein Turbo statt wie eine angezogene Bremse.

TIPP

Nicht die Ereignisse in Ihrem Leben prägen Sie, sondern Ihre Interpretationen dieser Ereignisse und die Überzeugungen, die Sie daraus entwickeln.

Aber wie bringen Sie diese Transformation hin? Nun, das hängt von der Überzeugung ab. Im Beispiel können Sie sich sagen: »Ich bin jung, also dynamisch und flexibel. Das ist mindestens genauso wichtig wie langjährige Erfahrung. Es wird mir viele Türen öffnen.« Mit ähnlichen Umdeutungen lässt es sich auf andere negative Überzeugungen reagieren. Allerdings werden Sie dabei innere Widerstände überwinden müssen, denn es ist durchaus bequem, sich auf ein »ich kann das nicht, es funktioniert sowieso nicht, alles spricht dagegen« zurückzuziehen.
Geben Sie dieser Versuchung nach, werden Sie niemals die oft nur eingebildeten Hürden überwinden – und entsprechend Ihre Ansprüche auf niedrigem Niveau einfrieren.

TIPP

Unser Gehirn stellt sich immer zwei Fragen:

- *Wird es mir Schmerzen oder Freude bringen?*
- *Was muss ich tun, um Schmerzen zu vermeiden, und was muss ich tun, um Freude zu empfinden?*

Die Antworten auf diese Fragen sind abhängig von unseren Überzeugungen.

Meinungen, Glaubenssätze und Überzeugungen sind nichts anderes als abgekürzte Bewertungsprozesse unseres Gehirns. Sie wirken als Kräfte, die uns antreiben oder aber bremsen – und das umso stärker, je häufiger wir sie wiederholen oder je intensiver die emotionalen Erlebnisse sind, die sie zu bestätigen scheinen.

AUFGABE

Welche limitierenden Überzeugungen hindern Sie daran, im Leben schneller voranzukommen? Notieren Sie drei davon und dann formulieren Sie diese positiv um!

1.

2.

3.

Die Komfortzone verlassen

Wollen Sie höher hinaus, müssen Sie raus aus Ihrer Komfortzone! Das bedeutet Handeln. Und Menschen kommen aus zwei Gründen ins Handeln: Sie vermeiden damit Schmerz oder sie erzeugen damit Lust. Im Fall der komfortablen negativen Überzeugung steht in der Regel die Vermeidung von Schmerz im Vordergrund. Sind Sie beispielsweise mit Ihrer aktuellen beruflichen Position nicht zufrieden, sorgt das für Frust, ist also eine Form von Schmerz. Wollen Sie sich davon befreien, müssen Sie etwas tun, nämlich die bremsende Überzeugung in eine beflügelnde verwandeln.

Leider reicht es dafür nicht, einfach die negative Überzeugung ohne große Emotionen in ihr Gegenteil zu verkehren. Eine rein rational erzeugte Formulierung wird zumeist völlig verpuffen. Wenn Sie sich also statt »Dafür bin ich zu alt« lediglich einen Satz wie »Dafür habe ich genau das richtige Alter« vorsagen, werden Sie nur wenig Wirkung spüren. Ihr Gehirn will Beweise, nähere Erläuterungen, Begründungen, Erfahrungen. Überlegen Sie deshalb, was Sie bereits erlebt haben, das für Ihre neue, ermutigende Überzeugung spricht. Vielleicht haben Sie trotz Ihres noch nicht weit fortgeschrittenen Alters schon einmal eine Stelle bekommen, für die Sie sich am Anfang eher geringe Chancen ausgerechnet haben. Ja, vielleicht haben Sie diese Stelle sogar gerade wegen Ihrer Jugendlichkeit bekommen! Vielleicht sind Sie in Ihrer Fußballmannschaft trotz Ihrer Jugend Führungsspieler oder gar Kapitän.

Können Sie keine solche Erfahrung aufspüren, die Ihrer negativen Überzeugung widerspricht, dann verlegen Sie sich auf die anderen Möglichkeiten, Ihr Gehirn umzupolen. Sammeln Sie Argumente, weshalb es gut ist, dass Sie so jung sind. Gut für das, was Sie wollen. Gut für Ihre hohen Ansprüche. Zudem werden Sie sicher eine Menge Beispiele in Ihrem Freundes- oder Bekanntenkreis finden. Eine Menge Menschen, bei denen es auch geklappt hat, obwohl sie noch sehr jung sind. Schließlich muss man keineswegs alle nötigen Erfahrungen selbst machen. Es ist vielmehr ein Zeichen von Klugheit oder Cleverness, von den Erfahrungen anderer zu profitieren, deren Lerneffekte möglichst umfassend für sich zu nutzen.

Gedanken sind Gedanken und keine Tatsachen

Und all das können Sie genauso auf alle anderen limitierenden Überzeugungen anwenden, aus denen Sie antreibende machen wollen. Letztlich sind diese Glaubenssätze nichts anderes als Gedanken. Es hilft, sich das immer wieder klarzumachen. Es sind Gedanken, es sind keine Tatsachen. Sie entstehen in Ihrem Gehirn, sie sind nicht in Stein gemeißelt.

Das trifft doch auf positive Überzeugungen genauso zu, werden Sie eventuell einwerfen. Klar, da haben Sie völlig Recht. Nur: Entscheidend ist, zu was uns unsere festen Überzeugungen verleiten. Während die negativen Angst, Zögern, Stillstand erzeugen, geben uns die positiven Mut, Elan, Handlungsstärke. Ob in unserem Beispiel in Wirklichkeit Jugend oder Alter besser ankommen, ist demnach zweitrangig. Solange Sie fest daran glauben, mit einer Ihrer Eigenschaften einen - vielleicht entscheidenden - Trumpf in der Hand zu halten, wird sich diese Eigenschaft sehr oft tatsächlich als Trumpf erweisen.

IN KÜRZE

- **Bestimmen Sie Ihre limitierenden Überzeugungen, die Sie immer wieder am Handeln hindern!**
- **Hinterfragen Sie diese Überzeugungen: Haben die Bremser wirklich etwas mit der Realität zu tun?**
- **Überlegen Sie: Was passiert, wenn Sie nichts an Ihren negativen Überzeugungen ändern?**
- **Ersetzen Sie die negativen durch positive, ermutigende Formulierungen!**
- **Suchen Sie nach Erfahrungen und anderen Beweisen für Ihre neuen positiven Überzeugungen.**
- **Visualisieren Sie, wie Sie Ihre neuen Überzeugungen zu Ihren Zielen führen.**

EINE STRATEGIE ENTWICKELN

Im ersten Kapitel haben wir gesehen, wie tiefgreifend sich unsere Welt verändert und wie sehr wir deshalb uns selbst verändern müssen. Die daran anschließende Ausgangsfrage dieses Kapitels war, wie wir uns verändern können. Voraussetzung fürs Handeln ist es, dass Sie Ihre Ansprüche erhöhen sowie limitierenden Überzeugungen quasi den Laufpass geben und stattdessen positive Überzeugungen entwickeln, die Sie bei Ihren Veränderungen unterstützen.

Wohlgemerkt: Positive Formulierungen allein sind zu wenig, sofern sie für uns selbst wie vorgelesen klingen, sie also nicht aus unserem

Innersten kommen. Auch allgemeine selbstbejahende Sätze, häufig Affirmationen genannt, wie »Ich bin mir sehr wichtig« oder »Ich glaube an meine Fähigkeiten«, genügen allein nicht. Sie stärken zwar durchaus das Selbstbewusstsein, reichen aber nicht aus, um zielgerichtete Veränderungen auszulösen.

Strukturierte statt zufällige Aktionen

Bedingungen für einen Wandel in die gewünschte Richtung sind wie gesagt erhöhte Ansprüche, ein Verlassen der Komfortzone und präzise positive Überzeugungen. Diese ermöglichen das Handeln und sorgen für genügend Rückenwind, um genau damit anzufangen. Was allerdings auch die passendsten bejahenden Überzeugungen nicht ersetzen können, ist die Strukturierung der Aktionen. Wollen Sie sich in einer ganz bestimmten Art und Weise verändern, brauchen Sie zusätzlich eine wirkungsvolle Strategie. Soll heißen: Sie müssen planvoll vorgehen, einzelne Schritte definieren und dann einen nach dem anderen umsetzen. Ohne strategische Ausrichtung ist es schwierig bis unmöglich, den Veränderungsprozess zu einem nachhaltigen Erfolg zu führen.

Um zu verstehen, was damit gemeint ist, betrachten wir einmal Veränderungen in einem Betrieb. Inzwischen haben sich unzählige Unternehmensberater aufs Change Management spezialisiert, was schon zeigt: Der Wandel muss organisiert sein und systematisch vollzogen werden. Auf die Vorbereitung und Planung inklusive Identifizierung des Problems folgt die Situationsanalyse mit Hilfsmitteln wie Benchmarks, Befragungen etc. sowie die Ausarbeitung des Konzepts mit Auswahl der Strategie und der Instrumente. Als Nächstes steht die Implementierung an, für die es ebenso klare Zeitvorgaben braucht, sowie Kommunikation über den Fortschritt und auftauchende Herausforderungen. Und natürlich muss kontrolliert werden, ob die Umsetzung des Change-Vorhabens gelungen ist.

Vorrang für die antreibenden Kräfte

Kurt Lewin, ein Psychologe und Sozialwissenschaftler, sah in jeder Organisation sowohl »Driving Forces« als auch »Restraining Forces«, also Antreiber und Widerstände. Um Veränderungen durchzusetzen, müssen demnach die treibenden Kräfte gestärkt und die hemmenden zurückgedrängt werden. Das gelingt umso besser, je mehr Mitarbeiter »Ja« zum Wandel sagen, also als Antreiber fungieren. Lewin teilte auf dieser Basis das Change Management in drei Phasen ein: Unfreezing, Changing und Refreezing.

Während des Auftauens wird das Kräftegleichgewicht in Richtung der antreibenden Kräfte verschoben, indem man etwa durch offene Kommunikation eine grundsätzliche Bereitschaft für den Wandel erzeugt. In der zweiten Phase werden die Änderungen - etwa neue Prozesse - eingeführt. Es dauert eine Zeit, bis sich Führungskräfte und Teams daran angepasst haben. Vorübergehend kann der Output sinken, aber je deutlicher die Vorteile des Neuen erkannt werden, desto schneller geht der Einbruch vorüber. Beim Refreezing schließlich stellt sich wieder ein stabiles Leistungsniveau ein, das über dem Ausgangsniveau liegen sollte.[13]

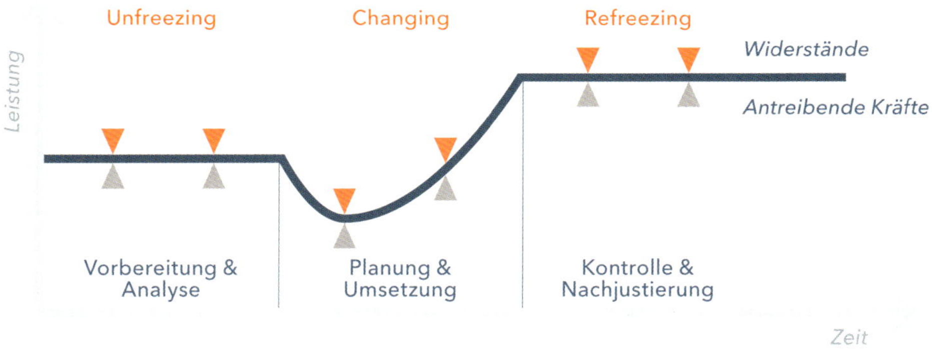

In drei Phasen zur Veränderung

Das Modell von Lewin lässt sich durchaus auf den persönlichen Veränderungsprozess eines Menschen übertragen. In der Phase eins erhöhen Sie Ihre Ansprüche und wandeln Ihre individuellen limitierenden Überzeugungen in positive um. Auf diese Weise gewinnen die antreibenden Kräfte die Oberhand, während die inneren Bremser immer schwächer werden und idealerweise endgültig unterliegen. Das zu erreichen ist möglich, wenn Sie sich ganz klar darüber werden, dass und warum eine Veränderung in Ihrem Leben unabdingbar ist.

Was genau in der zweiten und dritten Phase geschieht, hängt natürlich von der individuellen Situation ab. In jedem Fall wird eine dauerhaft auf hohem Niveau gehaltene Motivation die Hauptrolle spielen. Zudem sind die neuen Verhaltensweisen erst dann wirklich stabil, wenn Sie sie auch in Ihrem Unterbewusstsein gespeichert haben. Sie dürfen nicht mehr darüber nachdenken müssen, nichts Besonderes mehr in dem Neuen sehen. Das ist erst dann Fakt, wenn es schlicht täglich gelebt wird.

Andere Menschen zu Unterstützern machen

Wichtig ist es, die Menschen im Umfeld »mitzunehmen«. Veränderungen im beruflichen Bereich betreffen immer auch die Kolleginnen und Kollegen, Veränderungen im privaten Bereich den Partner, die Familie und Freunde. Da wir alle Unterstützung brauchen, sollten die wichtigsten Personen in den Veränderungsprozess eingebunden werden. Am besten klappt das, wenn Sie es schaffen, andere von dem zu begeistern, was Sie vorhaben.

Und nehmen Sie Rückmeldungen ernst. Befassen Sie sich damit – insbesondere auch mit den kritischen Anmerkungen von Ihnen wohlgesonnenen Menschen. Diese helfen oft mehr als pauschales unreflektiertes Lob. Prüfen Sie sie die Anmerkungen, aber lassen Sie sich nicht verunsichern. Niemand ist perfekt, niemand weiß alles. Seien Sie bereit, Ihre Strategie anzupassen oder sogar gegen eine andere zu tauschen. Sofern Sie wissen, was Ihre wahren Ansprüche sind, werden Sie einen Weg finden, diese zu befriedigen. Keine Lösung wäre es, die Ansprüche zu reduzieren!

Nehmen wir einmal an, Sie haben nun neben großen Ansprüchen und beflügelnden Überzeugungen auch die richtige Strategie für Ihr persönliches Change Management. Dann müssen Sie dieses nur noch durchziehen. Nur noch? Zugegeben, es kann ein langer Weg sein. Was Sie dabei vor allem brauchen, ist die Fähigkeit, sich selbst immer wieder zu pushen, sich zum Weitermachen zu motivieren. Grund genug, sich einmal ausführlich mit den Grundlagen der menschlichen Motivation zu beschäftigen. Was treibt uns an? Was lässt uns Hindernisse überwinden? Was bringt uns dazu, Ausdauer zu beweisen? Im nächsten Kapitel wird es um Antworten auf diese und ähnliche Fragen gehen. Eine überaus spannende Reise in die Psychologie und in die Neurowissenschaften.

IN KÜRZE

- **Werden Sie sich darüber klar, warum eine Veränderung alternativlos ist!**
- **Entwickeln Sie eine realistische Strategie zur Erreichung Ihrer Ziele!**
- **Machen Sie den System-Check (siehe nebenstehende Seite) und passen Sie eventuell Ihre Strategie an!**
- **Sorgen Sie dafür, dass die antreibenden Kräfte die Oberhand gewinnen!**
- **Überzeugen Sie auch Ihr engeres Umfeld, um wertvolle Mitstreiter zu haben!**
- **Lassen Sie sich von Menschen inspirieren, die den Weg der Veränderung schon erfolgreich gegangen sind.**
- **Definieren Sie aufeinander aufbauende Schritte für Ihren Veränderungsprozess!**
- **Setzen Sie diese Schritte nach und nach um und kontrollieren Sie den Erfolg!**

AUFGABE
SYSTEM-CHECK!

Sie haben nun
- *hohe Ansprüche,*
- *positive Überzeugungen und*
- *eine Strategie zur Erreichung Ihrer Ziele.*

Bevor Sie diese Strategie umsetzen, ist es Zeit für einen System-Check:
- *Welche Risiken und Nebenwirkungen müssen Sie befürchten?*

- *Welche Probleme könnten auftauchen, und haben Sie dafür Lösungen?*

- *Wie wird Ihr nächstes Umfeld auf Ihre Handlungen reagieren?*

- *Und: Sind Sie bereit, den Preis für Ihre Entscheidungen zu bezahlen?*

Sind die Risiken, die eventuellen Schäden, die Schwachstellen zu groß, wollen Sie eine mögliche Folge nicht in Kauf nehmen, dann gilt:
Passen Sie Ihre Strategie an!
Dabei geht es NICHT darum, dass Sie Ihre Ziele aufgeben, sondern lediglich darum, den Weg dorthin zu optimieren.

Ein Beispiel: Der IT-Spezialist Mark möchte die Leitung der IT der Tochterfirma seines Unternehmens in Seattle übernehmen. Er hat also einen hohen Anspruch. Auch die Überzeugung passt, denn die lautet: »Ich habe die nötige Erfahrung und bin in unserem Betrieb der Beste für diese Aufgabe.« Teil der ebenfalls bereits formulierten Strategie ist der Plan, das nicht ganz so gute Englisch mit Hilfe eines innovativen Sprachkurses zu verbessern. - So weit, so gut. Der System-Check ergibt allerdings einen nicht eben unbedeutenden »Kollateralschaden«: Marks Frau könnte beim Gedanken an die Veränderungen verzweifeln. Sie hat Angst vor einem Umzug in die USA - auch deshalb, weil ihr Englisch noch schlechter als das ihres Mannes ist und die Zwillinge sich im Abiturjahr befinden. In diesem Fall könnte die Anpassung der Strategie diese sein: Mark überzeugt seine Frau, den Sprachkurs gemeinsam mit ihm zu absolvieren. Zudem spricht er mit seinem Geschäftsführer und erreicht, dass er bis zum Abi seiner zwei Jungs nur ein bis zwei Wochen im Monat vor Ort in Seattle sein muss und erst danach mit der ganzen Familie umziehen wird. Und vielleicht schildert Mark seiner Frau noch in leuchtenden Farben, wie ihr neues Leben im amerikanischen Nordwesten sein wird.

TIPP

Wenn Sie einen neuen Weg gehen, die Umsetzung eines Plans wagen, dann halten Sie Ausschau nach Menschen, die diesen Weg schon gegangen sind. Sprechen Sie mit diesen Menschen. Fragen Sie: »Was haben Sie getan? Welche Überzeugungen haben Sie gelebt? Welches Umfeld haben Sie sich geschaffen? Welche Strategien haben Sie genutzt?«

»Nur wer mehr als andere will, hat die Chance, mehr als andere zu bekommen.«

WIE MOTIVATION FUNKTIONIERT

KAPITEL 3

»Du bist aber heute voll motiviert« oder »Wo bleibt denn deine Motivation?« – Sicher haben auch Sie schon des Öfteren einen dieser beiden oder ähnliche Sätze gehört. Vermutlich werden beide auch bereits direkt auf Sie gemünzt worden sein – natürlich zu einer jeweils anderen Zeit und unter jeweils anderen Bedingungen. Natürlich? Ist es völlig normal und bei jedem Menschen so, dass er manchmal motiviert und dann wieder genau das Gegenteil ist? Oder gibt es Leute, die es schaffen, jeden Morgen sofort mit jeder Menge Elan an die Arbeit und das Verfolgen ihrer Ziele zu gehen? Um das zu beantworten, sollten wir uns zunächst einmal genauer anschauen, was Motivation eigentlich ist. Was genau bedeutet das Wort, und was ist in der Regel damit gemeint, wenn wir es benutzen?

Ist das geklärt, werden wir uns einen Überblick über die Motivationstheorien verschaffen. Denn: Wie bei anderen Begriffen - Beispiele Freiheit oder Erkenntnis - auch, sind sich Psychologen beziehungsweise Philosophen oder andere Wissenschaftler auch bei der Motivation keineswegs einig. Sehr spannende Einblicke gewinnen wir, indem wir uns den Neurobiologen und ihrer Arbeit zuwenden. Und schließlich gilt es, die überaus wichtige Unterscheidung zwischen intrinsischer und extrinsischer Motivation zu machen. Wie wir sehen werden, hat es einen deutlichen Effekt auf unser Verhalten - und damit auch auf unseren Erfolg -, ob wir von innen heraus oder von außen motiviert sind beziehungsweise werden.

WAS MOTIVATION HEISST

Laut Wikipedia bezeichnet Motivation die Gesamtheit aller Motive, die zur Handlungsbereitschaft führen. Und die Internetenzyklopädie führt weiter aus, dass damit das auf emotionaler und neuronaler Aktivität beruhende Streben des Menschen nach Zielen oder wünschenswerten Zielobjekten gemeint sei.[14] Motive brauchen wir für all die Aktionen, die nicht von alleine ablaufen. Für all das, bei dem wir eine Schwelle überwinden müssen. Rein vom Begriff her ist Motivation auf das lateinische Verb movere zurückzuführen, das übersetzt bewegen oder antreiben bedeutet. Motiviert zu sein heißt also, aufs Agieren hin orientiert zu sein. Oder im Umkehrschluss: Niemand, der sich nur im stillen Kämmerlein etwas wünscht und keinerlei Handlungsantrieb verspürt, ist wirklich motiviert.

Motiviert ist gleich zielgerichtet

Das passt zu der Definition, nach der motiviertes Verhalten zielorientiertes Verhalten ist, wobei Neurowissenschaftler vergangene Erfahrungen als Basis der Zielorientierung betrachten. Motive werden als bewusste, unbewusste oder intuitive Handlungsimpulse beschrieben. Letztlich bestimmen immer solche Motive das Handeln, was heißt, dass wir niemals reine Zufallsentscheidungen treffen. In der Psychologie ist ein Motiv eine relativ stabile Eigenschaft einer Persönlichkeit, die angibt, wie wichtig der betreffenden Person eine bestimmte Art von Zielen ist. Motive lassen sich auch als Komponenten der Selbststeuerung bezeichnen, was heißen soll: Sie ermöglichen es, Bedürfnisse zu befriedigen, und helfen dabei, etwa dem Selbstbild oder einer sozialen Rolle gerecht zu werden.[15]

Offenbar sind also Motive vom Begriff der Motivation zu unterscheiden. Letztere bezieht sich, wie wir bereits gesehen haben, auf eine sich ändernde Handlungsbereitschaft. Motivation muss also keineswegs immer vorhanden sein, und ihre Intensität ändert sich, während Motive fest zur jeweiligen Persönlichkeit gehören. Passen die Motive zum Vorhaben, so entsteht Motivation im erwähnten Sinne der Summe aller Motive, welche die Bereitschaft zur Handlung erzeugen.

Geht es um die Bedeutung für den Weg zum Erfolg, ist beides wichtig: So ist zwar auch Hunger ein Motiv und zwar ein besonders elementares, doch zu den Motiven zählt ebenso etwa der Wunsch nach materieller Unabhängigkeit. Letzterer hat Einfluss darauf, wie sehr ein Mensch bereit ist, sich für seine Ziele und seinen Erfolg einzusetzen. Und das gilt selbstverständlich auch für die aus den Motiven entstehende Motivation, der wir uns noch ausführlicher widmen wollen. Um ein Gefühl dafür zu bekommen, was für Sie dominierend ist, schauen Sie sich einmal die zwölf Motivationsfaktoren des INSIGHTS MDI® Tests näher an.

Die 12 Motivationsfaktoren nach dem INSIGHTS MDI® Test

Der vom Scheelen Institute entwickelte INSIGHTS MDI® Test listet zwölf Motivationsfaktoren auf. Basis dafür ist der Ansatz von Eduard Spranger. Nach dem deutschen Psychologen wird die Ausprägung der Werte eines Menschen in sechs Kategorien ermittelt: theoretisch, ökonomisch, ästhetisch, sozial, individualistisch und traditionell. Beispiel: Je mehr jemand danach strebt, Wissen zu erwerben und die Wahrheit zu ergründen, desto intellektueller ist er.

DRIVING FORCES	Motivatoren	DRIVING FORCES
INSTINKTIV Menschen, die bevorzugt ihre Erfahrungen und Intuition zum Einsatz bringen und Informationen bei Bedarf oder in der jeweiligen Situation recherchieren.	**THEORETISCH** WISSEN	**INTELLEKTUELL** Menschen, die in hohem Maße danach streben, Wissen zu erwerben und die Wahrheit zu ergründen.
UNEIGENNÜTZIG Menschen, denen es wichtig ist, etwas für die Allgemeinheit zu tun, und die davon kaum persönlichen Nutzen erwarten.	**ÖKONOMISCH** NUTZEN	**EFFIZIENZGETRIEBEN** Menschen, die danach streben, praktische Resultate zu erzielen und hohe Effizienz, aber auch den ökonomischen Einsatz von Zeit, Fähigkeiten, Energie und Ressourcen anstreben.
OBJEKTIV Menschen, die einen hohen Wert auf ein funktionelles Umfeld und eine sachliche Atmosphäre legen.	**ÄSTHETISCH** UMGEBUNG	**HARMONISCH** Menschen, die einen sehr hohen Wert auf Wahrnehmung, individuelle Sichtweisen und Balance in ihrer Umgebung legen.
EIGENNÜTZIG Menschen, die anderen immer dann Unterstützung gewähren, wenn sie selbst damit ein bestimmtes Ziel verbinden – und nicht nur zum Selbstzweck des Helfen.	**SOZIAL** ANDERE	**ALTRUISTISCH** Menschen, die den starken Wunsch haben, anderen zu helfen.
GEMEINSCHAFTLICH Menschen, die gerne unterstützend tätig sind und keine individuelle Anerkennung erwarten.	**INDIVIDUALISTISCH** MACHT	**BEHERRSCHEND** Menschen, die verstärkt danach streben, Status, Anerkennung und Gestaltungsfreiraum zu erreichen.
AUFGESCHLOSSEN Menschen, die in hohem Maße offen sind für neue Ideen, Methoden und Chancen, die außerhalb der üblichen Vorgehensweise liegen.	**TRADITIONELL** SYSTEM	**PRINZIPIENTREU** Menschen, die in hohem Maße danach streben, eine tradierte Vorgehensweise, bewährte Methoden und klare Lebensregeln anzuwenden.

Quelle: Scheelen AG

Scheelen hat nun für sein Analysetool auch das jeweils andere Ende der Skala erfasst. Im Beispiel wäre der Gegenpol zu intellektuell das Instinktive, also der Einsatz von eigener Erfahrung und Intuition. Innerhalb der Dimension theoretisch werden damit zwei Motivationsfaktoren gemessen: Wie intellektuell und wie instinktiv ist der Mensch veranlagt? So ergeben sich zwölf Motivationsfaktoren, von Scheelen auch Driving Forces genannt.

Jeder Mensch hat eine individuelle Ausprägung der einzelnen Motivationsfaktoren. Sind Sie sich der für Sie dominierenden bewusst und können Sie diese auch ausleben, erhöhen Sie damit deutlich die Wahrscheinlichkeit für Ihren beruflichen und privaten Erfolg. Sie kennen dann das, was Ihrem Leben Sinn und Richtung gibt. Sie sind in der Lage, Ihre Ziele entsprechend zu setzen und die Beziehungen zu anderen Menschen – dem Partner, der Familie, den Kollegen und Mitarbeitern – besser zu verstehen sowie zu gestalten.

TIPP

Wenn Sie mehr über Ihre Motive und Motivationsfaktoren erfahren möchten, dann nutzen Sie nebenstehenden QR-Code oder gehen Sie im Internet auf:
www.buch-loehr.de/motive

Beispiel: Topverkäufer

In einer exklusiven Untersuchung der Zeitschrift acquisa mit der Scheelen® AG wurden Topverkäufer analysiert. Das Ergebnis: Für 71 Prozent ist das ökonomische Motiv dominierend (fragt zuerst, was Engagement persönlich nutzt, interessiert an Geld und Return on Investment). Danach folgt mit 25 Prozent, also einem weiten Abstand, das theoretische Motiv (will die Wahrheit entdecken und Probleme lösen, Verstandesmensch, Wissen als stärkster Motivator). Alle anderen Motive spielen als Hauptmotiv so gut wie keine Rolle. Wenn Sie für Ihr Team einen Verkäufer suchen, ist das sicherlich eine wichtige Erkenntnis.

AUFGABE

Welche der zwölf Motivationsfaktoren des INSIGHTS MDI®-Tests passen am ehesten auf Sie? Und was bedeutet das für Ihren Job sowie Ihr Privatleben?

TIPP

Jemanden von außen motivieren kann nur, wer weiß, was der andere wirklich will, wer also dessen dominierende Motive und Motivationsfaktoren kennt.

Suche nach Lust und Vermeidung von Unlust

Interessant ist auch, was Emotionen mit der Thematik zu tun haben. Für Psychologen sind Motive psychophysische, also Geist und Körper betreffende Dispositionen, die dazu befähigen, bestimmte Dinge wahrzunehmen. Das führt zu einer emotionalen Erregung, die wiederum das Handeln in einer bestimmten Weise auslöst oder zumindest den Impuls zur Handlung verspüren lässt. Emotionen sind deshalb so entscheidend, weil Menschen Handlungen wiederholen, die ihnen Lustgefühle bescheren, während sie vermeiden, was Unlust beschert.[16] Dieses Lust-Unlust-Prinzip kennen Sie vom Hedonismus, der auf den griechischen Philosophen Epikur zurückgeht, der im vierten Jahrhundert vor Christi Geburt lebte.

> Epikur sagte: »All unsere Handlungen dienen dazu, uns Lust oder Freude zu bereiten und Schmerz zu vermeiden.«

In der Motivationspsychologie entspricht Epikurs Hedonismus der Affektoptimierung. Gemeint ist damit, dass jeder Mensch versucht, es sich so gut gehen zu lassen, wie dies unter den gerade herrschenden Bedingungen möglich ist. Er will Freude empfinden, Spaß haben und dem nächsten Tag gut gelaunt entgegenblicken. Gleichzeitig will er das Gegenteil vermeiden, also keine Schmerzen haben, sich nicht fürchten, keine Angst empfinden, nicht traurig oder verzweifelt sein. Er strebt nach dem Positiven und vermeidet das Negative, wofür die Wissenschaftler die Fachbegriffe Appetenz und Aversion geprägt haben.

Doch natürlich werden wir nicht ausschließlich von Motiven und auch nicht nur von Emotionen dazu gebracht, Dinge zu tun oder zu lassen. Auch der Verstand spielt mit – und das unabhängig davon, ob wir das wollen oder nicht. So analysieren wir beispielsweise mehr oder weniger automatisch, welche Chancen wir haben, etwas zu realisieren. Wir überlegen, was alles unser Vorhaben unterstützen könnte und was dagegensteht. Wir kalkulieren also die Erfolgsaussichten und berücksichtigen, welchen Wert ein Ziel für uns hat.

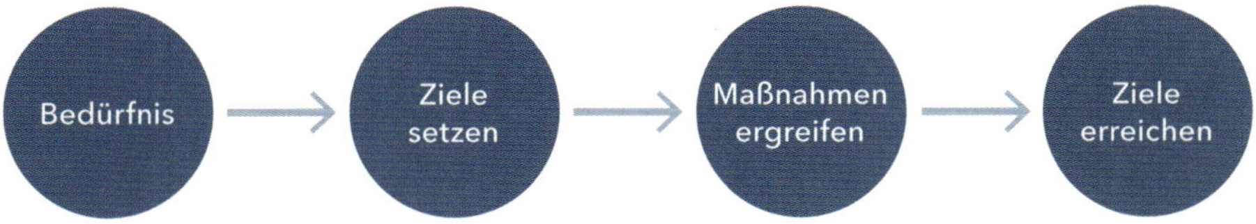

Der Weg vom Bedürfnis zum Ziel

Aktivierung, Richtung, Intensität und Ausdauer

Nach der US-amerikanischen Psychologin Magda Arnold hat das Phänomen Motivation drei Komponenten: erstens die Richtung, die bestimmt wird davon, was jemand erreichen will. Zweitens den Aufwand, also wie hart jemand an der Erreichung seines Ziels arbeitet. Und drittens die Ausdauer, die davon abhängt, wie lange jemand seine Bemühungen aufrechterhält. Motivation wird danach als zielgerichtetes Verhalten verstanden.[17] Oder anders ausgedrückt: Jemand ist motiviert, wenn er als Ergebnis bestimmter Handlungen das Ankommen an einem bestimmten Ziel erwartet.

Die drei Komponenten der Motivation

IN KÜRZE

- **Motive sind bewusste, unbewusste oder intuitive Handlungsimpulse.**
- **Für alles, was nicht von alleine abläuft, brauchen wir Motive.**
- **Motivation ist die Summe aller Motive, die zur Handlungsbereitschaft führen.**
- **Motiviert zu sein heißt, aufs Agieren und auf bestimmte Ziele hin orientiert zu sein.**
- **Motive gehören fest zur Persönlichkeit, Motivation ist veränderlich.**
- **Der Mensch versucht, Gefühle der Lust zu erzeugen und Gefühle der Unlust zu vermeiden.**
- **Motivation wird gekennzeichnet durch Aktivierung, eine Richtung, eine bestimmte Intensität und entsprechende Ausdauer.**

GRUNDLEGENDE MOTIVATIONSTHEORIEN

Im Laufe der Zeit wurden verschiedene Motivationstheorien entwickelt. Viele Unternehmen nutzen in ihren Human-Ressources-Abteilungen diese Konzepte für die Erhöhung der Motivation ihrer Mitarbeiterinnen und Mitarbeiter, aber auch zur Steigerung von Loyalität und Bindung an den Betrieb sowie zur Unterstützung von Change-Prozessen. Der folgende Überblick hilft dabei, die später dargestellten Motivations- und Erfolgsfaktoren (Kapitel 4 und 5) besser zu verstehen.[18]

Bedürfnispyramide nach Maslow

Zu den am häufigsten erwähnten Motivationstheorien zählt die berühmte Bedürfnispyramide von Abraham Harold Maslow, einem US-amerikanischen Psychologen und einem der Gründerväter der Humanistischen Psychologie. Nach Maslows Modell werden die Bedürfnisse des Menschen auf fünf Ebenen angeordnet. Unbefriedigte Bedürfnisse führen zu Spannungen, und Menschen möchten diese Spannungen abbauen, was sie zu bestimmten Handlungen motiviert. Erst wenn die Bedürfnisse auf dem untersten Niveau befriedigt sind, kann man sich um die des zweituntersten Niveaus kümmern und so weiter. Das heißt: Bedürfnisse wirken als Motivatoren und zwar immer gerade die, die eine Ebene höher als die bereits befriedigten angesiedelt sind.

Basis sind die physiologischen Grundbedürfnisse wie Essen, Trinken, Atmen und Schlafen. Es folgen die der Sicherheit wie Wohnen, Schutz

Bedürfnispyramide nach Maslow

vor Gefahren und Arbeitsstelle. Die dritte Ebene wird von den sozialen Bedürfnissen wie Freundschaft, Liebe, Akzeptanz und Zugehörigkeit zu einer Gruppe gebildet. Auf der vierten Stufe finden wir die Achtung mit Selbstachtung, Respekt der Mitmenschen, Status, Prestige und Freiheiten. Und ganz oben steht die Selbstverwirklichung, gekennzeichnet durch das Ausschöpfen der eigenen Potenziale und das Erreichen von Lebenszielen.

Nicht befriedigte Bedürfnisse motivieren

Was das Ganze mit unserem Thema zu tun hat? Wer die Grundbedürfnisse nicht befriedigt hat, der wird ausschließlich genau dafür motivierbar sein. Dasselbe gilt mit abnehmender Bedeutung für die übrigen Bedürfnisebenen. Wenn Sie zum Beispiel eine bestimmte Position in Ihrem Unternehmen anstreben, dann wollen Sie damit unter anderem auch Respekt und einen höheren Status bekommen. Oder wenn Sie eine Weltumsegelung planen und diese zu Ihren wichtigsten Lebensträumen zählt, hat das viel mit der Stufe Selbstverwirklichung zu tun. Letzten Endes sind also die von Maslow definierten Ebenen nur Kategorisierungen unserer Lebensziele und -notwendigkeiten. Oder anders ausgedrückt: Wir können unsere Ziele in der Regel einer oder auch mehreren dieser Kategorien zuordnen.

Mit Maslow lässt sich auch erklären, warum viele Menschen keine Arbeit annehmen, wenn sie ihre Grundbedürfnisse genauso gut durch staatliche Unterstützung decken können. Anders sieht es aus, wenn die Arbeitsstelle ihnen mehr verspricht. Das ist etwa dann der Fall, wenn sie damit nicht nur Geld verdienen, sondern auch sozial aufsteigen oder ihre Selbstachtung erhöhen. Möglicherweise bietet ihnen der Job auch die materiellen Mittel, um sich eine bessere Wohnung leisten zu können. Oder ein Auto oder das schon lange angestrebte neue Handy. Sie werden dann von den Ebenen der Bedürfnispyramide motiviert, die eben nicht ohne eine Arbeitsstelle erreicht werden.

Theorien nach Alderfer und McClelland

Eine weitere Motivationstheorie wird nach den für sie drei entscheidenden Begriffen ERG-Theorie genannt und geht auf Clayton Paul Alderfer zurück, einen US-amerikanischen Psychologen und Berater. ERG ist eine Weiterentwicklung der Bedürfnistheorie nach Maslow und unterscheidet drei Bedürfniskategorien: die existenziellen Bedürfnisse (Existance Needs), die Beziehungs- und Kontaktbedürfnisse (Relatedness Needs) und die Entwicklungsbedürfnisse (Growth Needs). Ein nicht befriedigtes Bedürfnis erzeugt Frustration und wird dominant. Es kann aber auch die Persönlichkeitsentwicklung anschieben und höhere Bedürfnisse aktivieren.

Sie erinnern sich an den Leitsatz »Erhöhe deine Ansprüche« aus dem zweiten Kapitel? Genau das passiert also hier. Je umfassender die Existenzbedürfnisse befriedigt sind, desto stärker werden die Bedürfnisse nach Beziehung. Haben Sie beispielsweise bereits eine tolle Beziehung, werden Sie sich Ihrem inneren Wachstum zuwenden. Aber auch wenn Sie in puncto Wachstum schon sehr weit gekommen sind, nimmt

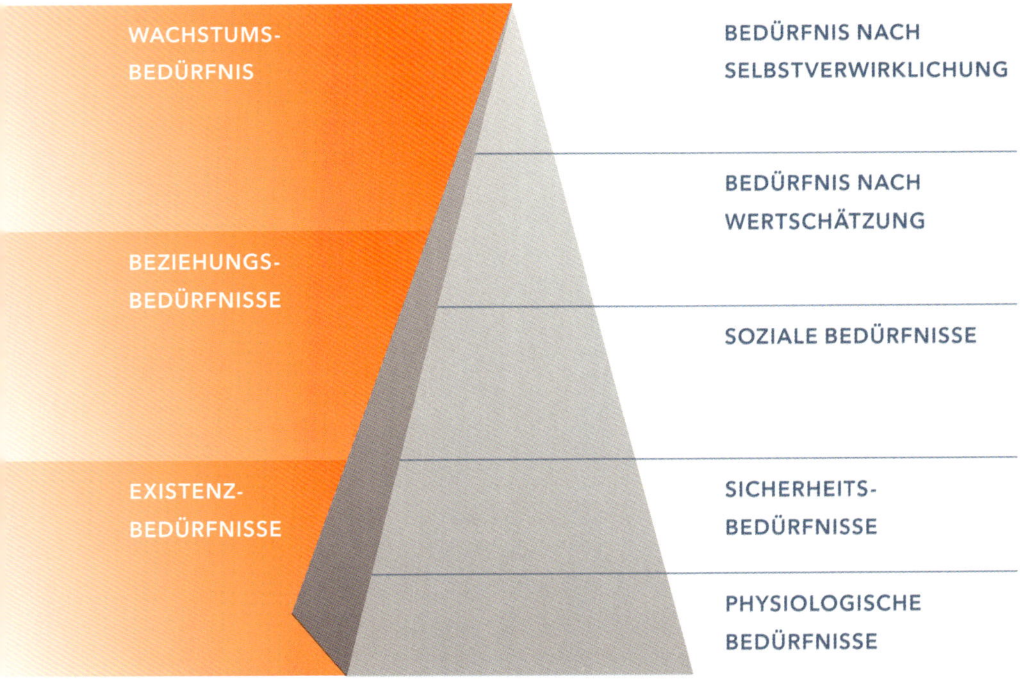

ERG-Theorie nach Alderfer

der Wunsch nach noch mehr Wachstum zu. Weil diese Kategorie die alleroberste ist, befeuert sie sich sozusagen permanent selbst. Ein Mechanismus, der zur ständigen Weiterentwicklung führt!

David Clarence McClelland, ebenfalls US-Amerikaner sowie Verhaltens- und Sozialpsychologe, hat die wichtigsten Bedürfnisse des Menschen auf der Basis von Studien gefunden.[19] Danach gibt es zum einen das Bedürfnis nach Leistung, die an bestimmten Standards gemessen wird. Das zweite Bedürfnis ist das nach Verbundenheit, nämlich nach von Einfühlsamkeit geprägten Beziehungen zu Mitmenschen. Als drittes Basisbedürfnis nennt McClelland das nach Macht, womit er die Kontrolle über und den Einfluss auf andere meint. Je nachdem, welches Motiv am stärksten ausgeprägt ist, unterscheidet sich das Verhalten, beispielsweise am Arbeitsplatz. Ist die Leistungsmotivation besonders hoch, werden anspruchsvolle, aber erreichbare Ziele gewählt.

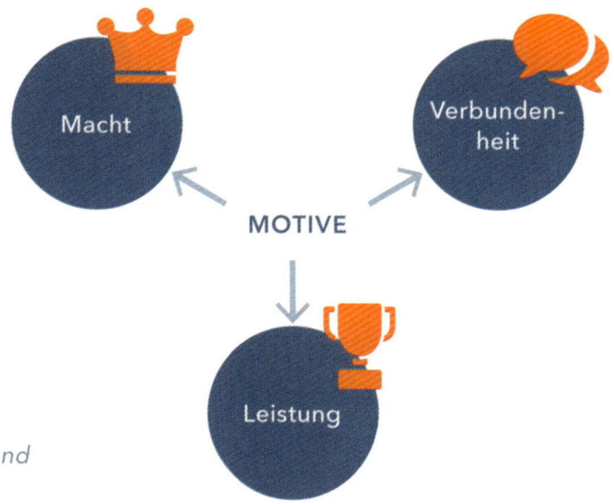

Die Basisbedürfnisse nach McClelland

Interessant: Was zu leicht ist, wird ebenso abgelehnt wie das zu Anspruchsvolle. Und genau dies zeichnet die Erfolgreichen aus. Sie wollen hoch hinaus, doch sie werden deshalb nicht zu Hochstaplern. Sie bewahren sich den realistischen Blick auf ihre Fähigkeiten, ohne deshalb zu kleinmütig zu sein. Beurteilen Sie danach einmal Ihre eigenen Ziele! Erreichen Sie die praktisch im Vorbeigehen, dann wird Ihre Motivation nicht sonderlich groß sein. Sie brauchen sich ja nicht wirklich anzustrengen, warum also sollten Sie es tun? Und sind im Gegenteil Ihre Ziele so ambitioniert, dass nicht nur etwa Ihre Freunde, sondern auch Sie selbst keinen Funken Hoffnung haben, je dorthin zu gelangen, werden Sie extrem demotiviert sein. Den goldenen motivierenden Mittelweg zu finden, ist tatsächlich eine Eigenschaft von Champions!

Zwei-Faktoren-Theorie nach Herzberg

Motivation kann gefördert, kann aber auch zerstört werden. Dies war die Ausgangsüberlegung für die Zwei-Faktoren-Theorie des US-amerikanischen Professors der Arbeitswissenschaft und der klinischen Psychologie Frederick Irving Herzberg. Statt sich auf die Suche nach möglichst allen Motiven menschlichen Handelns (und Unterlassens) zu machen, konzentrierte sich Herzberg auf die Gründe, warum der eine am Arbeitsplatz motiviert, der andere aber demotiviert ist. Weil er empirisch belegte Ergebnisse wollte, führte Herzberg zusammen mit seinem Team Befragungen durch. Mitarbeiter nannten ihm Situationen, in denen sie besonders zufrieden oder besonders unzufrieden gewesen waren.

Zwei-Faktoren-Theorie nach Herzberg

Gefunden wurden zum Beispiel sogenannte Hygienefaktoren, etwa die Verwaltung des Unternehmens, die Beziehungen zu Kolleginnen und Kollegen oder auch eine für die jeweilige Leistung angemessene Bezahlung. Wenn diese Faktoren günstig sind, besteht keine Unzufriedenheit. Damit ist aber der betreffende Mensch nicht automatisch zufrieden oder motiviert. Er hat lediglich bestimmte Probleme nicht. Zu betrachten sind daher auch die Motivatoren, die mit der Aufgabe am Arbeitsplatz zusammenhängen. Relevant dafür ist etwa, wie viel Verantwortung jemand bekommt und wie er seine Leistung erlebt. Diese Dinge können laut Herzberg Zufriedenheit und Motivation erzeugen - sofern die Hygienefaktoren stimmen.[20]

Weitere Theorien

Neben der wichtigen Unterscheidung von intrinsischer und extrinsischer Motivation, der wir uns noch ausführlich widmen werden, gibt es eine Reihe weiterer Motivationstheorien[21]: Nach der *Prozesstheorie* sind Menschen motivierter, wenn sie die Kontrolle über die Mittel und Wege zur Erreichung ihrer Ziele haben. Die *Erwartungstheorie* sagt, dass die Motivation für bestimmte Handlungen dann hoch ist, wenn diese der eigenen Erfahrung nach zu gewünschten Ergebnissen führen. In Unternehmen, die Change-Prozesse durchmachen, sinkt daher oft die Motivation in dem Maße, in dem in den neuen und veränderten Situationen kaum noch auf frühere Erfahrungen zurückgegriffen wird. So kann der Mitarbeiter nicht mehr sicher wissen, welche Aktivitäten zum gewünschten Ergebnis führen.

Im Mittelpunkt der *Zieltheorie* steht das Postulat, dass Motivation und Leistung spezifische Ziele für jeden Mitarbeiter erfordern. Diese müssen hoch gelegt und zugleich akzeptiert werden. Das heißt: Die Ziele sollten nicht vom Vorgesetzten einseitig definiert werden, denn dann werden sie häufig als aufoktroyiert betrachtet - und mehr oder weniger stark abgelehnt. Viele Unternehmen setzen die Definition der Ziele daher in Zielvereinbarungsgesprächen um. Die haben aber nur Erfolg, wenn alle Teilnehmer sie ernst nehmen. Zudem brauchen Mitarbeiter ein präzises Feedback dazu, wie weit sie auf dem Weg zu den festgelegten Zielen gekommen sind.

IN KÜRZE

- **Bedürfnisse können hierarchisch angeordnet werden – beispielsweise in der Pyramide nach Maslow.**
- **Zuerst müssen die Grundbedürfnisse befriedigt werden, bevor man sich mit denen der Ebenen darüber beschäftigen kann.**
- **Es gibt existenzielle Bedürfnisse, Beziehungs- und Kontaktbedürfnisse sowie Entwicklungsbedürfnisse.**
- **Eine weitere Einteilung ist die in Bedürfnisse nach Leistung, Verbundenheit und Macht.**
- **Am Arbeitsplatz verhindern bestimmte Faktoren Unzufriedenheit. Motivation aber braucht mehr – etwa ein positives Erlebnis der eigenen Leistung.**

AUFGABE

Welche der Motivationstheorien und Gedanken sind für Sie persönlich wertvoll und warum? Was bedeutet dies für Ihren Alltag?

WAS DIE NEUROBIOLOGEN SAGEN

Die Neurobiologie beschäftigt sich mit dem Aufbau und der Entwicklung des Nervensystems sowie der Funktionsweise und dem Zusammenwirken der Nervenzellen. So kann man sich die Frage stellen, was den Menschen neurobiologisch betrachtet zum Handeln motiviert, welche Triebfedern für unser Tun es aus neurobiologischer Sicht gibt. Zuallererst das Überleben! Das heißt: Wir besitzen ein Programm, das all das steuert, was unseren (vorzeitigen) Tod verhindert - und zugleich das Fortbestehen unserer Art sichert. Dieses vegetative System ist verantwortlich für unseren Herzschlag, den Kreislauf des Blutes, die Atmung, den Stoffwechsel, die Produktion von Hormonen, den Wechsel von Wachsein und Schlafen sowie für unseren Fortpflanzungstrieb.

All das funktioniert völlig unabhängig von unserem Willen und ohne, dass wir bewusst wahrnehmen würden, was uns pusht. Wäre es anders, wären wir total überfordert. Stellen Sie sich nur einmal vor, Sie müssten Ihrer Zirbeldrüse den Befehl geben, die gerade genau ausreichende Menge Melatonin zu produzieren. Und parallel dem Darm sagen, wann er welche Nahrung verarbeiten soll, dem Herzen, wann es wie schnell zu schlagen hat etc. Unmöglich! Wir überleben nur, weil die allermeisten Prozesse in unserem Körper ohne unser bewusstes Zutun ablaufen.

Menschen wollen kommunizieren und wachsen

Ein funktionierender Stoffwechsel etc., ausreichend Erholung und Sex zur Vermehrung allein würden aber den Menschen nicht zum Menschen machen. Wir sind soziale Wesen, die die Gemeinschaft mit anderen brauchen. Wir kommunizieren verbal und nonverbal. Wir schließen Freundschaften und Partnerschaften. Darüber hinaus sehnen wir uns nach Anerkennung, streben eine persönliche Weiterentwicklung an, wollen etwas bewirken. Alles Dinge, bei denen das Gehirn die entscheidende Rolle spielt. Dabei erreicht dieses großartige Organ bis zum Ende unseres Lebens niemals einen statischen Zustand. Vielmehr lernen wir permanent dazu. Gott sei Dank!

Im Hinblick aufs Handeln und auf Motivation sind dabei zwei Fragen besonders interessant. Zwei Fragen, die sich vermutlich jeder von uns immer wieder stellt. Die erste lautet etwa so: »Ist es gut, was mir gerade passiert ist, oder ist es schlecht?« Und die zweite würde sich ungefähr so anhören: »Was sagt mir das für meine Zukunft?« Natürlich werden Sie das selten so glasklar formulieren, aber letztlich wird Ihr Gehirn Antworten auf genau diese Fragen finden und vor allem abspeichern. Damit verändert es sich natürlich, denn wie gesagt ist unser Gehirn kein statisches Gebilde. Ständig bilden sich neue Verbindungen, werden neue Inhalte abgelegt.

Die Vergangenheit scheint die Zukunft zu bestimmen

Eine Erkenntnis, die wichtig ist im Hinblick auf Veränderungen. Und das in zweierlei Hinsicht! Zum einen können Sie sich darüber freuen, dass es keinen natürlichen Stopp für neues Denken und Agieren gibt. Zum anderen aber haben Sie die nicht gerade kleine Aufgabe, eventuell gegen vieles anarbeiten zu müssen, was Ihnen Ihr Gehirn sagt. Warum? Weil Sie nicht erst heute geboren wurden und daher kein unbeschriebenes Blatt sind. Sie haben allerhand Dinge erlebt, was verhindert, dass Sie völlig unbedarft Situationen beurteilen. Vielmehr glauben Sie zu wissen, dass dieses mit hoher Wahrscheinlichkeit scheitern wird und jenes ohnehin gar nicht probiert werden sollte.

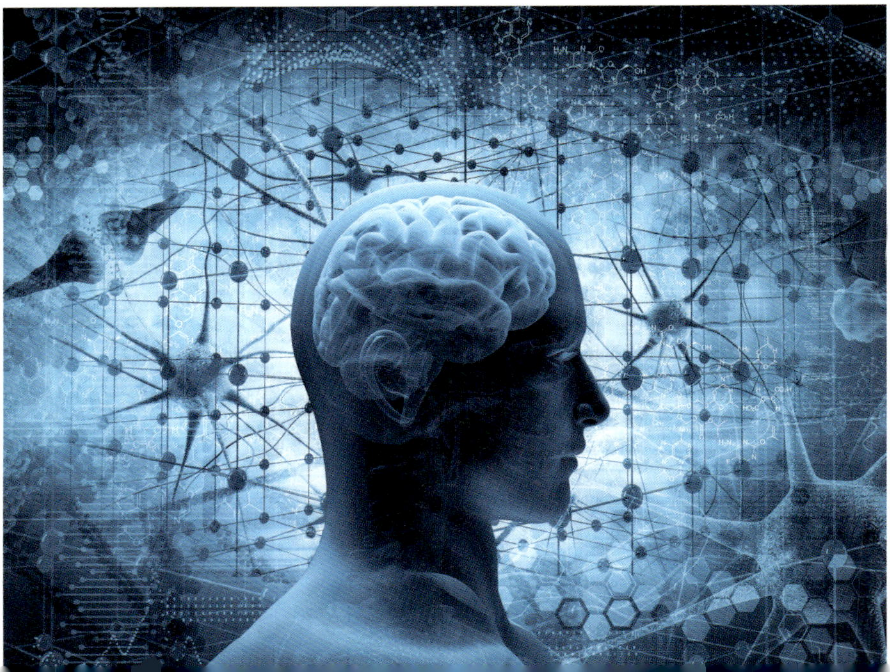

Wohlgemerkt: Dies sagt Ihnen Ihr Gehirn allein aufgrund der Wenn-dann-Folgen, die es sich »gemerkt« hat. Das bedeutet: Sie können durchaus dagegen vorgehen! Sie können sich - natürlich wiederum mit Hilfe Ihres Gehirns - klarmachen, dass es keine eindeutigen Ursache-Wirkungsketten gibt. Nur deshalb, weil etwas bisher immer so gewesen ist, muss es nicht heute, morgen oder übermorgen genauso ablaufen.

Wir reden ja nicht von Dingen, die aufgrund von Naturgesetzen passieren. Wasser gefriert, wenn die Temperatur unter null Grad Celsius absinkt. Immer. Vorhersehbar. Nicht verhinderbar. Doch wenn Sie vor einem Jahr mit einer tollen Projektidee gescheitert sind, sagt das wenig über Ihre Chancen bei einem weiteren Versuch aus. Sie haben die Idee vielleicht weiter ausgearbeitet, oder Ihr Chef ist ein anderer als damals, oder Sie werden einfach dieses Mal überzeugender vortragen. So viele Gründe dafür, dass es anders laufen kann!

Überleben funktioniert automatisch

Wir haben also gesehen, dass wir unser Überleben weitgehend ohne unser Bewusstsein gewährleisten. Haben Sie Hunger, müssen Sie keine Motivationsschwelle überwinden, um zu essen. Sie tun es automatisch. Sind Sie sehr müde, werden Sie schlafen, ohne dafür speziell motiviert zu sein. Zwar wirken dennoch Motive, nämlich beispielsweise Hunger, Durst, Schlafbedürfnis. Diese aber sind nichts weiter als die angeborenen biologischen Grundbedürfnisse, die zwangsweise befriedigt werden und die alle Menschen gleichermaßen haben. Daher führen auch alle Menschen die Handlungen aus, die ihre primären Bedürfnisse vorgeben: Sie nehmen Nahrung zu sich, sie trinken, sie schlafen.

Wie Motive entstehen

Anders sieht es aus bei Handlungen, die nicht nötig sind, um weiterzuatmen und das Herz schlagen zu lassen. Hier können uns beispielsweise schlechte Erfahrungen passiv machen. Es türmen sich dann Hindernisse auf, die das Tun verhindern. Es sei denn, ja, es sei denn, starke Motive wirken dagegen. Beschäftigen wir uns deshalb an dieser Stelle damit, wie Motive - die Basis für Motivation - neurobiologisch betrachtet entstehen. Schließlich werden Sie ja nicht bereits in der Wiege das Streben nach Anerkennung oder das nach einer großen Familie oder das nach einer Weltreise entwickelt haben.

Vielmehr sind Ihre Motive im Laufe Ihres Lebens nach und nach entstanden. Wohlgemerkt sprechen wir nun von den sekundären Motiven, die erworben werden. Natürlich nicht im Supermarkt und auch nicht durch eine willkürliche Auswahl. Diese so wichtigen Motive entwickeln sich durch Einflüsse aus Ihrer Umwelt und Ihrem Umfeld. Ein gewichtiges Wörtchen reden dabei die Eltern mit, aber auch Lehrer und andere Bezugspersonen. Später kommt der Einfluss von Freunden, Partnern und vielen weiteren Menschen hinzu.

Und selbstverständlich entfalten Ihre Erlebnisse ihre Wirkung - gleich, ob diese positiver oder negativer Art sind. Die sekundären Motive unterscheiden sich in ihrer Intensität von Mensch zu Mensch. Für Sie persönlich ist vielleicht eine Position mit großer Verantwortung wichtig. Oder eher maximale Unabhängigkeit. Oder materieller Erfolg. Für Ihren Partner können dagegen Anerkennung oder Sicherheit oder eine große Familie ganz oben auf der Liste stehen.

Ursprung im limbischen System

Was auch immer bei Ihnen die relevanten Motive sind: Bei allen Menschen entstehen Motive und Gefühle im limbischen System des Gehirns. Was Gefühle mit Motiven zu schaffen haben, werden Sie sich vielleicht fragen. Und was die Gefühle mit dem Gehirn? Nun, erinnern Sie sich an das, was wir bereits über die Motivationspsychologie erfahren haben: Wir alle, auch Sie, möchten positive Gefühlszustände haben. Deshalb machen wir das, was solche Zustände herbeiführt.

Man spricht dabei von Affektoptimierung, was heißen soll: Der Mensch versucht, dass es ihm so gut wie möglich geht, also er sich so gut wie möglich fühlt. Sie erinnern sich an die Vermeidung von Unlust und die Suche nach Lust? Der Mensch will es warm haben und gemütlich, will gesättigt sein und Sicherheit verspüren. Motive sind daher mit den Gefühlen gekoppelt, weil sie genau die Handlungen antreiben, welche die gewünschten Gefühle verursachen.

Geburt von Gefühlen im Gehirn

Wie aber kommt man von den Gefühlen zum Gehirn? Ist Letzteres nicht lediglich fürs Lösen von Matheaufgaben, die Analyse der Börsenkurse und Ähnliches zuständig? Und spielt sich, wenn Sie vor Freude jubilieren oder aber zittern vor Angst, das nicht ausschließlich in Ihrem Körper und nicht in Ihrem Kopf ab? Nein, in Wirklichkeit spüren Sie zwar Ihre Gefühle etwa in Form beschleunigten Herzschlags oder schlotternder Knie, aber Ihr Denkapparat ist daran keineswegs unbeteiligt.

Tatsächlich werden Gefühle stets im Gehirn geboren, genauer in Zentren des limbischen Systems, was zunächst unbewusst geschieht. Der Prozess der Bewusstwerdung beginnt, wenn vom limbischen System Signale an die Großhirnrinde gesendet werden. In dieser mit Nervenzellen vollgepackten Schicht unseres Großhirns sitzt also das Bewusstsein. Die Gefühle, die Sie Ihrem Körper zuordnen – beispielsweise ein Stechen im linken Arm oder Magenschmerzen –, sind genau genommen Konstrukte des Gehirns. Sie werden auf die entsprechenden Körperteile projiziert, sodass Sie scheinbar dort etwas empfinden.

Sie können sich das so vorstellen, dass das Gehirn den gesamten Körper abbildet. Wie das neurophysiologisch passiert, braucht uns an dieser Stelle nicht weiter zu interessieren. Wichtig ist jedoch die Erkenntnis: Gefühle sind nichts Nebulöses, sondern die Folge der Bewertung von Ereignissen. Und durch die Abspeicherung im Gehirn werden wir emotional konditioniert. Es ist sozusagen fest verdrahtet, was negative und was positive Konsequenzen hat – und das auch schon auf der unbewussten Ebene, nämlich im limbischen System.

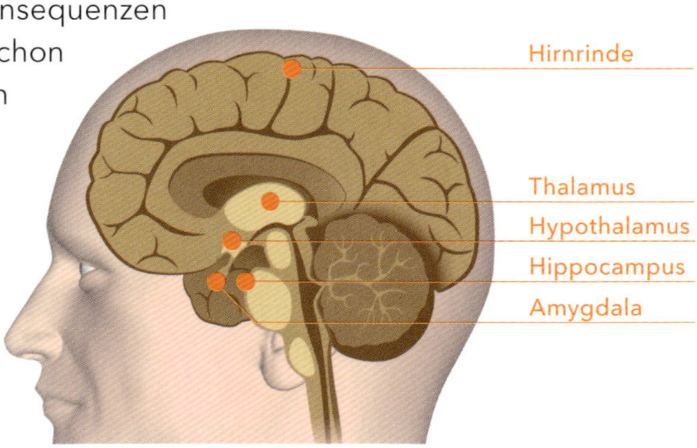

Aufbau des menschlichen Gehirns

Erfahrungen sagen die Zukunft nicht voraus

Allerdings – und das ist hochinteressant für unser Thema Motivation und Erfolg – sagen Erfahrungen die Zukunft keineswegs sicher voraus. Wenn Sie beispielsweise schon zwei- oder dreimal auf einen bestimmten Typus Mensch hereingefallen sind, muss dies nicht beim dritten beziehungsweise vierten »Exemplar« ebenso sein. Oder denken Sie an den Lerneffekt »heiße Herdplatte«, den kleine Kinder haben. Sie schrecken nach dem ersten schmerzvollen Erlebnis davor zurück, diese runden und früher erhabenen Stellen auf dem Herd zu berühren. Oft zu Recht, jedoch noch öfter zu Unrecht. Schließlich ist der Herd zumeist ausgeschaltet oder hat sich beim Induktionsherd die vom heißen Topfboden übertragene Wärme längst verflüchtigt.

AUFGABE

Erinnern Sie sich: Welche negativen Erfahrungen haben Sie in Ihrem Leben an erstrebenswerten Handlungen gehindert?

Das Fatale am Einfluss unserer Erfahrungen ist: Unser limbisches Gedächtnis wächst bereits zu einem Zeitpunkt, zu dem das zu bewusster Erinnerung fähige Gedächtnis noch gar nicht voll entwickelt ist. Im unbewussten Bereich des Gehirns wird abgelegt, was wir an Schlimmem und Gutem erfahren haben. Diese Geschehnisse werden mit negativen beziehungsweise positiven Gefühlen verbunden.

Und das ist von enormer Tragweite, denn: Das emotionale Gedächtnis redet künftig bei vielen Entscheidungen ein gewichtiges Wörtchen mit. Es sagt uns, was wir nochmals tun oder lieber niemals mehr tun sollten! Im Laufe der Entwicklungsgeschichte der Menschheit war dies überlebenswichtig. Unsere Vorfahren mussten in sehr vielen Situationen sehr schnell reagieren, wollten sie nicht zum Beispiel gefressen werden. Hyänen, Wölfe und Höhlenlöwen warteten nicht, bis der Steinzeitmensch fertig überlegt hatte, ob Weglaufen die richtige Option wäre.

Bewusste Gefühle motivieren zum Handeln

Im Hinblick darauf, wie sie unser Verhalten bestimmen, haben die Experten einen klaren Unterschied zwischen den unbewussten und den bewussten Gefühlen ausgemacht. Vielleicht kennen Sie jemanden, der eine panische Angst davor hat, überfallen zu werden. Vermutlich ist er durch entsprechende Erlebnisse so konditioniert worden, dass er diese Furcht empfindet. Es geht aber nicht um ganz bestimmte Personen oder Orte, was heißt: Letztendlich ist die Angst diffus, und es ist dadurch nicht möglich, adäquat damit umzugehen. Man sagt auch, ihn oder sie quält eine namenlose Furcht, abgespeichert im Unterbewusstsein.

Demgegenüber stehen die bewussten Gefühle. Wollen Sie zum Beispiel eine neue Position in Ihrem Unternehmen oder ein Projekt übernehmen, reden dabei sicher eine Menge Gefühle mit. Positive wie die Freude über mehr Verantwortung und negative wie die Angst davor, in dieser Position oder bei dieser Aufgabe zu versagen. In diesem Fall wissen Sie ziemlich genau, welcher Lohn Sie erwartet und was gegen die Veränderung spricht. Sie können beides in Ihren Prozess der Entscheidungsfindung einbeziehen.

Anders als bei den unbewussten Gefühlen gehen Sie also hier durchaus angemessen um mit dem, was Sie hemmt oder antreibt. Sie analysieren, Sie können die Dinge benennen. Im Zusammenhang mit Motivation kommt es daher vor allem auf die bewussten Gefühle an. Sie motivieren zum Handeln, sie sind die Motoren der Veränderung, sie sind damit letztendlich nötig für Erfolg in Zeiten des Wandels.

WIE DAS GEHIRN EMOTIONEN »PRODUZIERT«

Im limbischen System sitzt die Amygdala, auch Mandelkern genannt. Hier werden Emotionen »produziert«, und das auf drei verschiedene Arten[22]*:*

1. Schnell und unbewusst

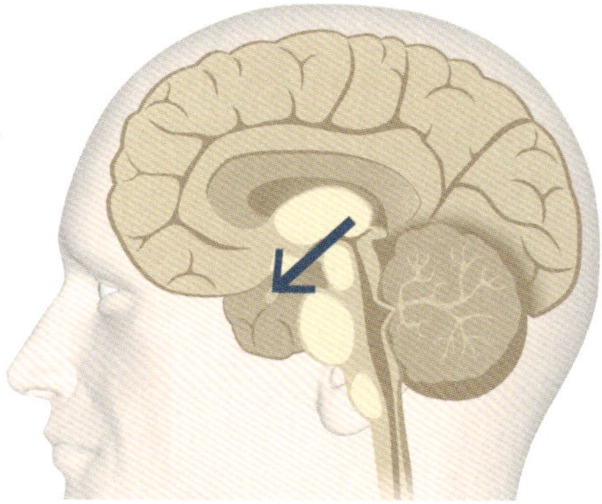

Ein visueller, akustischer oder anderer Reiz gelangt von den Sinnesorganen ins Gehirn. Erste Station ist der Thalamus im Zwischenhirn. Geht es von dort direkt weiter zur Amygdala, wird das Bewusstsein nicht tangiert. Diese Verbindung wird etwa dann genommen, wenn wir Angst empfinden, ohne einen bewussten Grund dafür zu haben. Vorteil: Wir können sehr rasch reagieren, also zum Beispiel flüchten, wenn wirklich oder scheinbar jemand hinter uns her ist. Würde der Reiz in diesem Fall erst bewusst verarbeitet werden müssen, wäre es eventuell schon zu spät. Nachteil der kurzen Route ist, dass wir dabei nicht verstandesmäßig bewerten – und uns deshalb oft auch dann fürchten, wenn dies rational betrachtet völlig unnötig ist.

2. Bewusste Bewertung

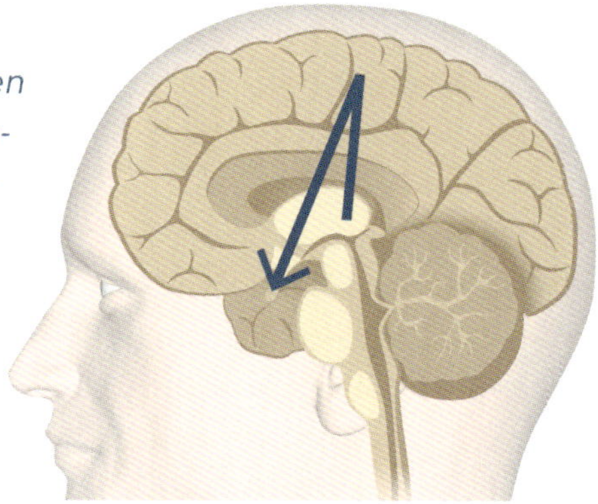

Hier hat der Sinnesreiz einen längeren Weg zurückzulegen. Statt vom Thalamus direkt zur Amygdala wird er zunächst zur Hirnrinde transportiert – und dort bewusst verarbeitet. Was das bedeutet? Im Wesentlichen eine Beurteilung, was mit dem Reiz anzufangen ist. Dabei fließt ein, um welche indi-

viduelle Person es geht, wie diese prinzipiell handeln, was sie schaffen kann. Wird etwa eine positive Bewältigung einer potenziell bedrohlichen Situation angenommen, erzeugt die Amygdala relatives Wohlbefinden. Glaubt man dagegen, überfordert zu sein, produziert sie einen Angstzustand. Weitere mögliche positive Emotionen sind Stolz, Gelassenheit oder Heiterkeit. Negative wären Niedergeschlagenheit, Verzweiflung und Scham.

3. Einschaltung des Gedächtnisses

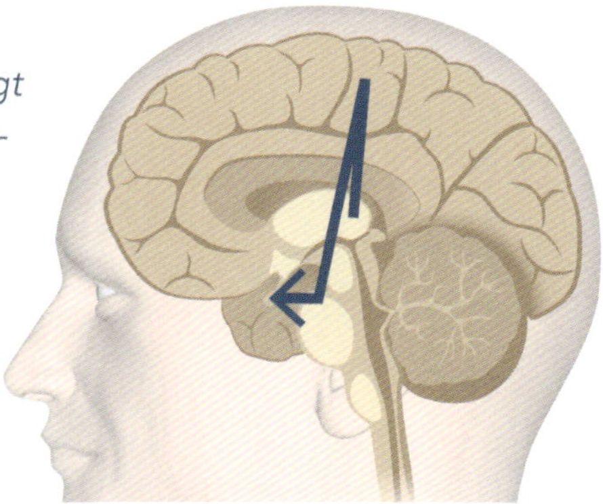

Die dritte Route schließlich beteiligt mit dem Hippocampus die Hirnregion, in der unser bewusst zugängliches Gedächtnis sitzt. Dort sind neben allerhand Wissen auch unsere persönlichen Erfahrungen abgespeichert, ein Gedicht von Goethe also genauso wie schlechte Erlebnisse in einem bestimmten Land. Arbeitet der Hippocampus mit, gleichen wir das, was gerade geschieht, mit unseren Erinnerungen ab – und bewerten den Reiz auf dieser Basis eventuell anders als auf der Route zwei. So entstehen auch Emotionen. Beispielsweise kann eine Mutter an die Geburt ihres Kindes zurückdenken und dadurch in Hochstimmung versetzt werden.

Wichtig: Die superschnelle direkte Route zur Amygdala wird dann genommen, wenn eine Situation uns bedroht oder etwas geschieht, das uns überrascht. In diesen Fällen ist schnelle Aktion angesagt. Es muss daher reichen, die Dinge unbewusst und eher schematisch denn präzise zu erkennen. Der Mandelkern arbeitet sozusagen mit dem Hypothalamus zusammen. Grund: Dieses Areal des Gehirns kann unter anderem die vegetativen Zentren aktivieren. Es wird dann Noradrenalin ausgeschüttet, das uns in Kombination mit dem Adrenalin aus dem Nebennierenmark in Alarmbereitschaft versetzt. Wie schon gesagt, waren vor allem unsere Vorfahren darauf angewiesen, derart schnell auf Gefahren reagieren zu können. Aber auch heute brauchen wir diese Fähigkeit, wenn auch nicht mehr unser tägliches Überleben davon abhängt.

TIPP

Erfolgs-zuversichtlich oder misserfolgs-ängstlich?

Blättern Sie vielleicht noch einmal zurück zum Abschnitt über die Erhöhung der Ansprüche. Wir haben darin bereits erfahren, dass allzu ambitionierte Ziele ebenso schlecht sind wie solche, die sich quasi im Vorbeigehen abhaken lassen. Die Motivationspsychologie teilt denn auch die Menschen in zwei Gruppen ein: die Erfolgs-Zuversichtlichen und die Misserfolgs-Ängstlichen. Wer zu Letzteren gehört, den bestimmt eine negative Grundstimmung. Er wählt sich entweder zu hohe Ziele, die er niemals ernsthaft anstrebt, oder aber zu niedrige, bei denen es fürs Erreichen kein ausreichendes Gefühl der Belohnung gibt. Die Furcht vor Misserfolg ist so dominant, dass sie die Freude auf Erfolg völlig verdrängt.

Sie gehören hoffentlich eher eindeutig zu den Erfolgs-Zuversichtlichen. Ist das so, profitieren Sie von einer positiven Grundstimmung. Ihre Ziele sind realistisch, doch nicht zu einfach. Sie müssen Herausforderungen bestehen, wollen Sie dorthin kommen, wo Sie hinwollen. Es ist also Anstrengung nötig, doch Sie haben nicht das Gefühl, überfordert zu sein. Weil Sie richtig was tun, können Sie Ihre Erfolge genießen. Sie wissen, dass Sie sich diese verdient haben, sie Ihnen also keineswegs in den Schoß gefallen sind. Sie glauben an sich und Ihre Stärken – und daran, dass Sie Ihren Weg gehen werden.

Motive und Ziele

Bewusste und unbewusste Gefühle sind eine wichtige Unterscheidung, eine andere ist die zwischen Motiven und Zielen. Beides wird oft in einen Topf geworfen, obwohl es nicht in denselben gehört. Überlegen Sie sich einmal, wonach Sie streben. Mehr nach Sicherheit oder mehr nach Freiheit? Mehr nach Herausforderung oder mehr nach Konstanz? Warum bei dem einen dieses und beim anderen jenes besonders ausgeprägt ist, hängt mit dem genetischen Erbe sowie frühkindlichen Erfahrungen zusammen. Wir reden damit von den unbewussten Handlungsantrieben, in der Motivationspsychologie Motive genannt. Ziele sind demgegenüber die bewussten Handlungsantriebe, die in der späteren Kindheit, der Jugend und dem Erwachsenenalter wurzeln.

Was das in der Praxis heißt, können Sie leicht an sich selbst erkennen. Analysieren Sie Ihre Handlungen, kommen Sie Ihren Motiven auf die Spur. Denn: Auch wenn diese unbewusst sind, lassen sie sich doch auf diese Art und Weise, sozusagen auf indirektem Weg, herausfinden. Ihre Ziele wiederum haben etwas mit den bewussten Vorstellungen über die Zustände zu tun, die Sie erreichen möchten. Ein in der frühen Kindheit geborenes Motiv könnte der Wunsch, im Mittelpunkt zu stehen, sein. Dagegen wäre ein mögliches Ziel, Stargeiger in einem Sinfonieorchester zu werden. Beides passt zusammen, was Wissenschaftler als kongruent bezeichnen.

Selbstwirksamkeit versus Vermeidung

Sind Ihre Motive und Ihre Ziele kongruent, können Sie sich beglückwünschen. Sind sie es nicht, sollten Sie Ihre Ziele überarbeiten. Die nämlich lassen sich verändern, während die Motive, wie beschrieben, mehr oder weniger fixiert sind. Warum Kongruenz so wichtig ist, lässt sich leicht verstehen: Wollen Sie unbewusst etwas anderes als bewusst, dann lähmt und blockiert Sie dieser Widerspruch. Ganz anders ist es, wenn Sie unbewusst und bewusst nach demselben streben. In diesem Fall werden Sie sich beflügelt fühlen, wenn Sie Ihren Zielen näherkommen, weil das zugleich Ihre sozusagen verdeckten Wünsche erfüllt.

Der kanadische Psychologe Albert Bandura spricht von Selbstwirksamkeit.[23] Wer die spürt, der glaubt daran zu schaffen, was er sich vorgenommen hat. Er meint, Einfluss zu haben, also letztlich Macht über sein Schicksal. Der Gegentyp ist der sogenannte Vermeider. Für den sind Schwierigkeiten vor allem unüberwindbare Hindernisse, nicht aber spannende Herausforderungen. Er fühlt sich bedroht, hat Angst zu versagen. Logisch, dass ein Vermeider keine Risiken eingeht, sich daher kaum anpassen kann und jede Veränderung als Katastrophe empfindet. Der Selbstwirksame aber lässt sich vom Wandel nicht einschüchtern. Er ist davon überzeugt, ihn zu bewältigen, er sieht seine Zukunft positiv, er nimmt in Angriff, was in Angriff genommen werden muss.

Ihre Motivation wird demnach hoch sein, wenn Ihre Motive und Ihre Ziele kongruent sind. Sie werden dann erleben, wie leicht es Ihnen fällt, hartnäckig zu sein, wenn es um eben diese Ziele geht. Natürlich hilft das allein nicht, um wirklich erfolgreich zu sein. Sie brauchen auch, wie bereits angesprochen, tatsächlich erreichbare und zugleich anspruchsvolle Ziele. Realitätsorientierung ist gefragt. Überlegen Sie sich, welcher Aufwand sich für welches Vorhaben lohnt. Verpulvern Sie nicht Ihre Energie, Ihre Zeit, materielle und physische Ressourcen für Dinge, die Sie realistischerweise nie erreichen können. Doch setzen Sie all das - und zwar zu 100 Prozent und konsequent - für das ein, was in möglicher Reichweite liegt und Sie sowohl unbewusst als auch bewusst befriedigt.

Wie wir Menschen entscheiden

Von der Definition Ihrer Ziele über die Handlungen, die Sie dort hinbringen, bis zu Veränderungen, etwa dem Erwerb neuer Fähigkeiten: Motivation und Erfolg, also das Thema dieses Buches, haben eine Menge mit Entscheidungen zu tun - und auf die gibt es wiederum ebenso wie bei Motiven und Gefühlen eine neurobiologische Sicht. Wenn wir vor der Wahl zwischen A, B oder C stehen, was tun wir dann? Idealerweise würden wir die Alternativen komplett durchleuchten, also alle Vor- und Nachteile in Rechnung stellen und gegeneinander abwägen. Damit aber scheitern wir schon in relativ einfachen Fällen, von den komplexen gar nicht zu reden.

Beispiel: Sie wollen ein neues Handy kaufen. Möchten Sie die absolut perfekte Entscheidung treffen, die Sie niemals bereuen werden, müssten Sie alle Kriterien wie Design, Akkulaufzeit, Kapazität des Speichers sowie auch weniger offensichtliche Dinge wie die Haltbarkeit oder auch das mit einem bestimmten Gerät verbundene Image berücksichtigen. Sie müssten bei diesen einzelnen Punkten genauestens analysieren, wie wichtig sie Ihnen jeweils sind. Ergo: Sie müssten beispielsweise zur Beurteilung der Wichtigkeit der Akkulaufzeit wissen, wie oft Sie das Handy auf Bergtouren oder langen Radfahrten ohne Steckdose nutzen werden. Wollen Sie solche Erwägungen für alle Kriterien anstellen, würden Sie dafür viel zu lange brauchen - und bei schwierigeren Entscheidungen hätten sich dann längst die Randbedingungen geändert. Das heißt: Die Methode funktioniert in der Praxis nicht.

Was die Entscheidung zum Handeln hemmt

Zudem sind da weitere Hemmnisse, die rational sinnvolle Entscheidungen schwermachen oder verhindern. So haben wir Menschen die Eigenschaft, Besitzstände wahren zu wollen - sowohl materielle als auch immaterielle. Wir glauben meist, der Wert dessen, was wir schon haben, sei größer als der Wert dessen, was wir durch Handeln erst erwerben müssten. Denken Sie nur einmal an eine Partnerschaft, die im Grunde diesen Namen nicht mehr verdient. Oft hält man dennoch daran fest, weil es Initiative erfordert, die Beziehung zu beenden - und weil man meint, alles andere sei noch weniger wert. Wir fürchten uns vor dem Risiko, wir zeigen Beharrungsvermögen.

Und das ist noch nicht alles. Die Liste der Dinge, die uns am Handeln hindern, muss leider fortgesetzt werden. Da wäre zum Beispiel die Kurzsichtigkeit. Wie Sie das auch von sich kennen werden, konzentrie-

ren sich Menschen häufig auf die Ziele, die sehr schnell erreichbar sind. Sie tun das auch dann, wenn diese Ziele eigentlich nicht wirklich wichtig sind. Natürlich ist das unsinnig, weil damit das wirklich Relevante auf die lange Bank geschoben wird.

Des Weiteren gibt es das Phänomen der frühzeitigen Befriedigung. In vielen Situationen ist die Zahl der möglichen Handlungen groß. Was aber tun wir? Wir erwägen vielleicht zwei oder drei und entscheiden uns für die, mit der wir uns einigermaßen anfreunden können. Nur: Einigermaßen ist zu wenig! Einigermaßen führt nicht zu dem großen Erfolg, den wir alle erträumen. Einigermaßen ist allenfalls »nicht so schlecht«.

Hohe Kosten und Ungewissheit bremsen

Interessant im Zusammenhang mit Entscheidungen ist auch der Elias-Effekt, benannt nach dem deutschen Soziologen Norberg Elias: Je größer die Kosten (nicht nur die materiellen) und je größer die Ungewissheit, desto berechnender werden Menschen.[24] Stellen Sie sich zum Beispiel vor, Sie möchten schon lange Spanisch lernen. Es wäre für Ihren Job wichtig, weil Ihr Unternehmen auf dem spanischen Markt sehr aktiv ist. Zudem sind Sie nicht nur beruflich, sondern auch privat gerne in diesem sonnigen Land. Die Landessprache zu sprechen, würde Ihre Aufstiegschancen in der Firma verbessern, und gleichzeitig könnten Sie von Ihren Reisen mehr mitnehmen. Jede Menge Vorteile also!

Warum aber haben Sie sich dennoch immer noch nicht zu einem Spanischkurs angemeldet? Wahrscheinlich erscheint Ihnen der Aufwand zu groß. Jahrelang lernen, wo Sie doch ohnehin schon wenig Zeit und einen anstrengenden Job haben? Zudem glauben Sie möglichweise nicht wirklich daran, Spanisch je gut zu beherrschen. Waren Sie nicht in der Schule schon schlecht in Sprachen und frustriert vom Vokabelpauken? Neben den Kosten, also dem Zeit- und Geldeinsatz, spricht somit auch die Ungewissheit gegen eine Anmeldung zum Sprachkurs.

Leider ist eine solch rationale Kalkulation oft fatal. Sie verhindert, dass Sie Entscheidungen treffen und in Handlungen ummünzen, die Sie voranbringen. Meist werden genau die Entscheidungen blockiert, die Veränderungen auslösen. Warum? Weil es dabei um Aktivitäten geht, die nun einmal etwas kosten - seien es Zeit, Geld, Engagement, Kreativität etc. Und weil es zugleich Dinge sind, bei denen der Ausgang ungewiss ist. Nur die nämlich führen wirklich zu mehr als nur oberflächlichen Anpassungen. Dummerweise fallen so oft genau die Entscheidungen besonders schwer, die, wie wir gesehen haben, in Zeiten tiefgreifenden Wandels an vielen Fronten unabdingbar sind.

Nicht-Entscheidungen rauben Chancen

Um das zu vermeiden, hilft es, wenn Sie sich einmal vor Augen führen, dass Sie durchaus auch rasch und ohne allzu große Berechnung entscheiden können. Sie tun dies dann, wenn Nachdenken und Kalkulieren kaum etwas bringen. Zum Beispiel fehlen Ihnen die dafür nötigen Informationen oder es würde schlicht zu lange dauern oder es wäre zu anstrengend. Verlieben Sie sich in einen Menschen, den Sie das erste Mal sehen, wissen Sie so gut wie nichts über ihn. Dennoch verabreden Sie sich erneut mit ihm und geben ihm Ihre Telefonnummer.

Klar, das kann schiefgehen. Es gibt aber oft keine andere Alternative - außer der, eine große Chance sausen zu lassen. Und genau das nehmen Sie bei einer Nicht-Entscheidung wie oben beschrieben in Kauf. Sich darüber im Klaren zu sein, wie unsinnig ein solches Verhalten sein kann, ist bereits der erste Schritt, es zu ändern. Nicht der Entschluss an sich, sondern die Umsetzung ist es, worauf es ankommt. Nur mit Handeln stoßen Sie Veränderungen an. Nur mit Handeln sind Sie in der Lage, dem umfassenden Wandel in so vielen Bereichen - von der Digitalisierung im Alltag bis zur Arbeitswelt - angemessen zu begegnen.

Ein konkretes Beispiel für die Folgen von Entscheiden oder Nicht-Entscheiden ist die Frage: Soll ich einen Sprachkurs machen? Wenn Sie ein Ja auf diese Frage immer wieder verschieben oder gleich ganz verwerfen, werden Sie auch im übernächsten Urlaub in Ihrem Lieblingsreiseland wieder nur stammeln. Sie nehmen sich auch eine relativ einfache Möglichkeit zur persönlichen Weiterentwicklung. Beim Sprachenlernen zeigt sich zudem sehr klar die Bedeutung nachhaltiger Motivation, ohne die vieles nur angefangen, aber nie zu Ende geführt wird.

TIPP

Mit voller Motivation eine neue Sprache lernen

Der Neurowissenschaftler Josua Kohberg beschäftigt sich seit vielen Jahren unter anderem auch mit neuen, hirngerechten Formen des Lernens. Die Sprachkurse, die sein Unternehmen KOSYS anbietet, haben eine völlig andere Struktur als herkömmliche Angebote. Unter anderem setzt Kohberg auf das Prinzip der Nachahmung und Wort-für-Wort-Übersetzungen. Zudem verwendet er ein in Zusammenarbeit mit mehreren Universitäten und Fachhochschulen sowie Ingenieuren entwickeltes Gerät, das man einfach am Körper trägt. Damit werden Dialoge in der Fremdsprache per Ultraschall über die Haut »gehört«. Der tägliche Zeiteinsatz reduziert sich so auf dreimal zehn Minuten!

Ergebnis: In nur acht bis zwölf Wochen wird ein Sprachniveau erreicht, auf dem man einfache Unterhaltungen führen kann – und das in einer zuvor völlig unbekannten Sprache. Basis dafür, dass es funktioniert, ist letztlich die damit erreichte hohe Motivation. Man bleibt konsequenter bei der Stange als bei herkömmlichen Sprachkursen, weil es zum einen unglaublich schnell geht und es zum anderen weder Vokabellisten noch das Pauken von Grammatik gibt.

Oft müssen die Emotionen entscheiden

Doch zurück zu Entscheidungen, die eine so fundamentale Rolle für Veränderungsprozesse spielen – und damit wesentlich darüber mitentscheiden, ob jemand erfolgreich ist oder nicht. Wir hatten schon entdeckt, wie unvollkommen die Theorie ist, nach der Entscheidungen rein rational getroffen werden. Wenig überraschend: Auch Emotionen sind beteiligt, wenn Sie sich fragen, ob Sie lieber dieses oder jenes oder aber lieber keins von beiden tun sollten. Dabei greifen Emotionen in mehrfacher Hinsicht ins Geschehen ein. Sie können etwa dazu führen, dass Sie all dem, was schiefgehen könnte, weniger – oder auch mehr – Beachtung schenken.

Denken Sie etwa an die Überlegung, ob Sie wegen einer neuen Liebe in eine weit entfernte Stadt ziehen sollten. Sie werden weniger Kontakt zu Ihren Freunden haben, Sie müssten sich einen neuen Job suchen. Rein rational betrachtet spricht alles gegen den Umzug. Schließlich kann die neue Beziehung scheitern, und dann hätten Sie ziemlich viel verloren. Doch so genau wissen Sie das natürlich alles nicht. Vielleicht bekommen Sie woanders einen viel besseren Job als den, den Sie aktuell haben. Und möglicherweise vertieft sich die Beziehung. Ja, sogar die Beziehungen zu Ihren besten Freunden könnten profitieren, weil diese Sie oft besuchen kommen und sich dafür mehr Zeit nehmen.

Sie sind also nicht in der Lage, die perfekte Entscheidung zu treffen. Rational betrachtet kann ein Ja genauso falsch sein wie ein Nein. In dieser Situation spielen sich Ihre Emotionen nach vorn – und bei den allermeisten Menschen senkt das die Waagschale auf der einen oder anderen Seite ab. Zumeist emotional bestimmt sind zudem Entscheidungen für die Kooperation mit anderen. Die nämlich gehen wir oftmals auch dann ein, wenn der Weg alleine einfacher und lukrativer wäre. Warum? Weil wir sozial orientierte Wesen sind, die in der Regel am liebsten gemeinsam mit anderen Erfolge erzielen und genießen.

Intuitiv entscheiden mit dem Vorbewusstsein

Neben den emotional bestimmten oder Bauchentscheidungen gibt es in der nicht-verstandesmäßigen Sphäre auch die intuitiven. Hier kommt das Vorbewusstsein zum Tragen, das eine große Menge an Informationen viel besser verarbeiten kann als das Bewusstsein. Im Vorbewusstsein »lagert«, was einmal bewusst war, aber dann ins Unbewusste »verschwunden« ist. Sicher haben Sie schon einmal erlebt, dass Ihnen die Lösung für ein schwieriges Problem gerade dann einfällt, wenn Sie nicht mehr darüber nachdenken.

Solche intuitiv gefundenen Lösungen waren auch verantwortlich für viele bedeutenden Erfindungen und Entdeckungen. Wissenschaftler oder Erfinder grübeln manchmal Monate erfolglos und kommen erst ans Ziel, wenn sie sich ohne ständige Analyse treiben lassen. Man spricht von Eingebungen. Es sind plötzliche Erkenntnisse, von denen der Erkennende selbst nicht weiß, wie sie genau geboren wurden. Eine Methode, das Nachdenken endlich zum Erfolg zu führen, kann also durchaus sein, erst einmal das Nachdenken zu stoppen.

Komplexität beherrschbar machen

Sind wir nun weitergekommen, was den Weg zur besten Entscheidung betrifft? Zu viele Kriterien überfordern, manchmal sollte man die Emotionen wählen lassen, denn hoher Aufwand, großes Risiko und der Wunsch, Besitzstände zu wahren, bremsen. Und je komplexer der Fall, desto schwieriger wird alles. Sehr lehrreich sind Experimente, bei denen die Teilnehmer einige Zeit lang beispielsweise eine Stadt regieren und dabei nahezu Allmacht besitzen, also im Alleingang Gelder verteilen und Gesetze erlassen können. In Studien führte dies regelmäßig ins Chaos – sei es ins wirtschaftliche, soziale oder ökologische.

Auf der Suche nach den Gründen für diese Unfähigkeit, eine Reihe guter Entscheidungen zu treffen, fanden Wissenschaftler Fehlverhalten verschiedener Art: Manche »Bürgermeister« fingen an irgendeiner Stelle an, ohne die gesamte Lage zu analysieren. Die Maßnahmen wurden nicht koordiniert, es wurde nach ersten Misserfolgen abgebrochen oder das Gegenteil versucht. Oft wurde nur die nahe Zukunft betrachtet, nicht aber die Folgen für spätere Zeiten. Manchmal waren auch schlicht die Hypothesen falsch. Was getan wurde, hatte völlig andere Auswirkungen als die erwarteten. Es gab kaum eine konsequent verfolgte, geschweige denn an der Realität überprüfte Strategie. Lief etwas falsch, wurde die Verantwortung abgeschoben, statt sie selbst zu übernehmen.

Wie Sie komplexe Systeme in den Griff bekommen

Nun werden Sie höchstwahrscheinlich kein Bürgermeister mit einer derartigen Machtfülle werden. Trotzdem haben die Studien einen Sinn: Wir erfahren daraus eine Menge darüber, wie es möglich ist, mit komplexen Systemen fertig zu werden – und das ist heute in jedem Job und in nahezu jeder Lebenssituation nötig, um erfolgreich zu sein. Was also ist der Lerneffekt? Definieren Sie als Erstes die wichtigsten Einflussgrößen und werden Sie sich darüber klar, wie diese einander beeinflussen. Setzen Sie sich klare mittel- und langfristige Ziele. Damit minimieren Sie die Gefahr, sich nur auf morgen und übermorgen zu fokussieren - und entsprechend kurzsichtig zu agieren.

Außerdem sollten Sie sich ganz klar machen, dass Ihr Wissen stets begrenzt ist und sein muss. Gehen Sie daher mit Bedacht vor und seien Sie prinzipiell jederzeit zur Korrektur Ihres Kurses bereit, ohne jedoch allzu schnell umzuschwenken, nur weil erste Hindernisse auftauchen. Das heißt: Finden Sie das richtige Maß an Ausdauer. Nicht zu viel, wenn die Sache aussichtslos ist. Und nicht zu wenig, weil Erfolg immer Zeit braucht. Akzeptieren Sie aber, dass Ihre Einschätzung der Lage nicht immer stimmen wird, was nur menschlich ist. Justieren Sie nach, sobald Sie erkennen, zu schnell aufgegeben oder zu lange drangeblieben zu sein.

IN KÜRZE

- Das vegetative System lässt uns unter anderem atmen und unser Herz schlagen. Es sichert unser Überleben.
- Unser Gehirn ist lebenslang lernfähig und speichert ständig neue Erfahrungen ab.
- Negative Erfahrungen können als Bremsen wirken, die man bewusst lösen muss.
- Motive treiben die Handlungen an, die uns die Gefühle bescheren, die wir haben möchten.
- Gefühle entstehen im Gehirn als Folge der Bewertung von Ereignissen.
- Die bewussten Gefühle motivieren zum Handeln und sind Motoren der Veränderung.
- Wenn Motive und Ziele übereinstimmen, kann Sie das enorm beflügeln.
- Hohe Kosten (Zeit, Geld, Engagement etc.) können Entscheidungen blockieren.
- Je nach Situation sind bewusste, unbewusste oder intuitive Entscheidungen gefordert.

PSYCHOLOGEN ERKLÄREN HANDLUNGEN

Neben den Neurobiologen haben sich natürlich auch Psychologen mit Motivation und Entscheidungen beschäftigt. Auch diese Wissenschaftler versuchen zu erklären, warum wir welche Handlungen ausführen – und warum wir andere unterlassen. Bekannt ist das Rubikonmodell von Heinz Heckhausen und Peter M. Gollwitzer, mit dem wir uns näher befassen wollen.[25]

Rubikon? Vielleicht erinnern Sie sich aus Ihrem Geschichtsunterricht an den Bürgerkrieg Gaius Iulius Caesars gegen Gnaeus Pompeius Magnus. Der römische Senat hatte beschlossen, dass Caesar sein Heer entlassen und seine Gewalt über Gallien und Illyrien verlieren sollte, ehe er erneut für das Konsulat kandidieren dürfe. Caesar aber antwortete darauf, indem er mit seinen Soldaten am 10. Januar 49 v. Chr. den Fluss Rubikon in Richtung Rom überschritt – eine Kriegserklärung an den römischen Senat. Caesar war beim Überqueren des Flusses bewusst, dass es nun kein Zurück mehr gab, was er mit den Worten »alea iacta est« (der Würfel ist gefallen) zum Ausdruck brachte. Deshalb sagen wir heute, jemand habe den Rubikon überschritten, wenn wir eine Handlung meinen, ab der es kein Zurück mehr gibt.

Heckhausen und Gollwitzer benannten ihre Theorie zur Entscheidung und Steuerung bei vom Willen bestimmten Handlungen nach dieser wichtigen Episode der römischen Geschichte. Danach wägen Men-

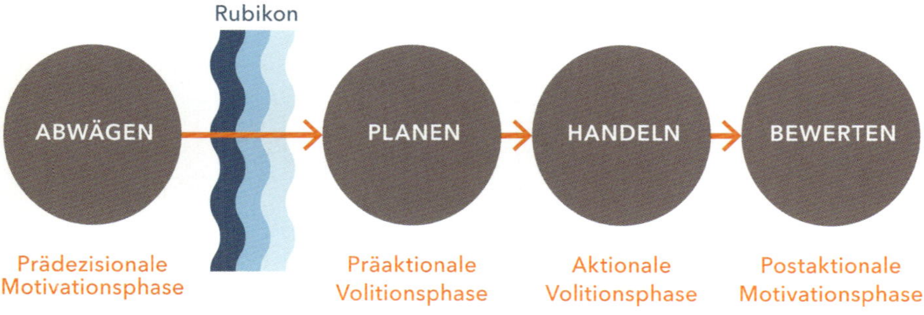

Das Rubikonmodell für Willenshandlungen

schen zunächst ihre Handlungsmöglichkeiten ab und legen sich auf eine unter oftmals vielen fest. Als Nächstes planen sie die Umsetzung dieser Entscheidung, also die dafür nötigen Aktionen. Darauf folgt die Durchführung, mithin das eigentliche, das konkrete Handeln. Die vierte Phase ist die des abschließenden Bewertens des Handelns, vor allem auch des damit verbundenen Erfolgs.

Die Planung stellt die Weichen

Beim Abwägen müssen Sie sich mit Ihren Motiven und Zielen auseinandersetzen. Sind Letztere prinzipiell zu erreichen? Wie wahrscheinlich können Sie sie realisieren? Sind sie jetzt möglich oder erst später? Manches ist schlicht Utopie, manches konkurriert mit anderen Wünschen. Ist der Würfel für ein Ziel gefallen, kommt der Bereich jenseits des Rubikons ins Spiel, nämlich mit der Planungsphase. Warum? Weil Sie damit nur dann mehr als Gehirnakrobatik betreiben, wenn Sie sich voll auf den ausgewählten Wunsch konzentrieren. Alles das, was sonst so in Ihrem Kopf herumspukt, muss beiseitegedrängt werden.

Letztlich ist das vergleichbar mit der Ermahnung eines Schülers, sich nicht vom Aufsatz, den er gerade schreibt, ablenken zu lassen. Vor allem darf er nicht einen Schritt zurückfallen und überlegen, ob er nicht doch erst zum Fußballtraining gehen sollte. Das wäre dann wieder das Abwägen, das der Schüler und das auch Sie schon absolviert haben.

Konzentration erfordert Willensstärke

Kommt Ihnen sicher bekannt vor und wurde schon im Zusammenhang mit Entscheidungen diskutiert. In diesem Unterkapitel aber beschäftigen wir uns mit dem Willen. Es kostet psychische Anstrengung, sehr viel zu verdrängen, um sich mit nur einer Sache zu befassen. Natürlich wissen Sie das. In einer Stunde beginnt ein spannender Krimi im Fernsehen, doch Sie haben Ihre Präsentation noch nicht fertiggestellt. Nur wer über große Willensstärke verfügt, schafft es, sich für das Notwendige und gegen das nur Angenehme zu entscheiden.

Wenn Sie glauben, diese Willensstärke nicht zu besitzen, seien Sie beruhigt: Sie ist wie so vieles andere trainierbar. Es hilft schon, sich klarzumachen, dass Sie ohne einen festen Willen immer wieder ins Stocken geraten und wahrscheinlich niemals an Ihr Ziel gelangen werden. Sobald Sie das erst einmal wirklich nachhaltig verstanden haben, wird es Ihnen bereits ein großes Stück leichterfallen, Willensstärke zu zeigen.

Am Ball bleiben

Haben Sie die Handlungsphase begonnen, ist schon viel, jedoch längst nicht alles gewonnen. Sie müssen am Ball bleiben, dürfen sich nicht entmutigen lassen und sollten korrigieren können. Pläne sind das eine, und die Praxis ist etwas anderes. In der Regel werden Sie im Laufe der Umsetzung Ihres Vorhabens nachjustieren, Hindernisse umgehen, unerwartete Widerstände brechen.

Wochenlang kann das Durchhalten zu Ihrer wichtigsten Fähigkeit werden. Viele viele erfolgreiche Menschen haben es vorgemacht. Amundsen auf dem Weg zum Südpol oder Kolumbus auf dem Weg über den Atlantik. Und das sind lediglich zwei besonders lehrreiche Beispiele, weil bei ihnen jeder sofort die körperliche Fron und die Angst spüren kann. In vielen anderen Bereichen ist das Durchhalten jedoch genauso essenziell.

Den Weg bewerten

Nach dem Umsetzen kommt die Bewertungsphase. In dieser fragen Sie sich, ob Sie dorthin gekommen sind, wo Sie hinwollten. Wenn ja, was hat Ihnen dabei geholfen, es zu schaffen? Wenn nein, was hat Sie zum Scheitern gebracht? Waren die eigenen Stärken oder Schwächen ausschlaggebend, war es Zufall, war es der Einfluss anderer? Welche weiteren Faktoren lassen sich ausmachen?

Mit dem Beantworten dieser Fragen sind die vier Phasen des Rubikonmodells abgeschlossen. Danach läuft menschliches Handeln idealtypisch kurz zusammengefasst so ab: Ich wünsche mir etwas, plane den Weg zur Erfüllung dieses Wunsches, handle entsprechend und reflektiere am Schluss den ganzen Prozess. In der Praxis mag es etwas anders aussehen, doch zumindest in »Fragmenten« dürften Sie stets diese vier Phasen ausmachen können.

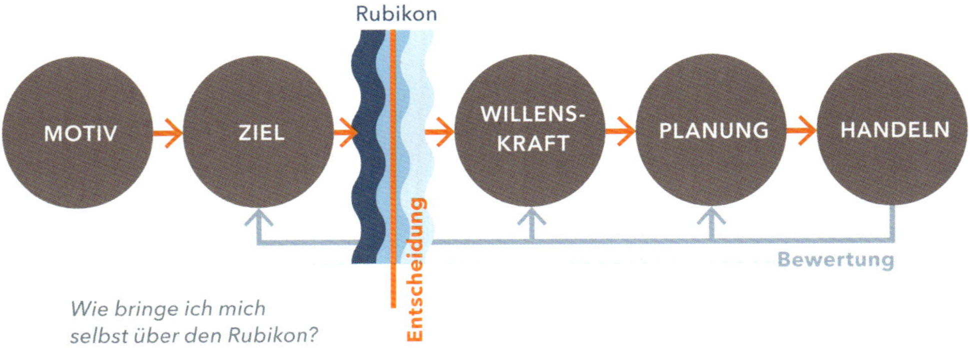

Vielleicht hilft Ihnen diese Ableitung aus dem Rubikonmodell! Sind Motiv und Ziel klar, braucht es eine Entscheidung, um dann mit Willenskraft und Planung ins Handeln zu kommen. Dann bewerten Sie den Erfolg, um – wenn nötig – etwas an Ihrem Ziel zu verändern, Ihre Willenskraft zu stärken oder Ihre Planung anzupassen.

Was Willenshandlungen auslöst

Doch: Gibt es ein derart idealtypisch agierendes Ich überhaupt? Die heutige Handlungspsychologie sagt: Nein. Zwar glauben wir, ein handelndes Ich zu besitzen beziehungsweise zu sein, doch tatsächlich gibt es nur einen bestimmten Bewusstseinszustand. Der ist von Inhalten gekennzeichnet, zu denen unsere Ziele oder auch die gerade ausgeführten Aktionen gehören.

Die große Runde durch den Wald zu laufen, kann ein solcher Inhalt sein, das Bewusstsein, dass ich gerade durch den Wald jogge, ebenso. Dass wir meinen, unser Ich würde unsere Handlungen kontrollieren, heißt letztlich nur, dass der bewusstseinsfähige Teil unseres Gehirns involviert ist. Apropos bewusst und unbewusst: Willenshandlungen haben auch unbewusste Anteile, die im Rubikonmodell ignoriert werden.

Visualisieren von Zielen motiviert

Was nun genau an welcher Stelle im Gehirn passiert, wenn Sie etwas tun wollen, ist sehr komplex und soll an dieser Stelle nicht näher erläutert werden. Interessant in unserem Zusammenhang: Ein bestimmtes Areal im hinteren Stirnhirn ist nicht nur aktiv, wenn wir etwas bewusst wollen, sondern auch dann, wenn wir uns etwas nur im Geiste vorstellen. Spannend, denn das könnte erklären, warum das Visualisieren von Wünschen und Zielen so effektiv ist für die Motivation.

Der 100-Meter-Sprinter nutzt das, wenn er sich bildlich ausmalt, wie er als Erster durchs Ziel läuft, das Siegerpodest besteigt und den Applaus der Fans genießt. Ebenso der Architekt, wenn er davon träumt, wie er durch sein Traumhaus spaziert. Oder der Doktorand, wenn er sich vorstellt, wie ihm seine Promotionsurkunde überreicht wird. Und auch Sie können von der Magie der Visualisierung profitieren. Wir werden darauf noch zurückkommen.

Nun haben wir eine Menge über Motivation aus wissenschaftlicher Sicht gelernt. Was uns antreibt, welche Rollen das Bewusstsein und das Unbewusste übernehmen. Wie Entscheidungen zustandekommen, welche Phasen es dabei gibt. Wie unzulänglich unser Verstand beurteilt, wie Gefühle eingreifen. Für den Erfolg im Allgemeinen und insbesondere in Zeiten der Veränderung, wie wir sie gerade erleben, ist des Weiteren die Unterscheidung zwischen intrinsischer und extrinsischer Motivation von Bedeutung.

IN KÜRZE

- **Das Rubikonmodell der Entscheidungen heißt: abwägen, planen, umsetzen, bewerten.**
- **Handlungen haben aber auch unbewusste Anteile. Das weiß jeder, der sich schon einmal gefragt hat, warum er dieses oder jenes getan hat.**
- **Die gemachte Erfahrung und eine intensiv vorgestellte Erfahrung aktivieren dasselbe Areal im Gehirn!**

AUFGABE

Denken Sie an ein für Sie sehr wichtiges Ziel. Und dann zeichnen Sie dazu ein Bild oder beschreiben Sie, wie Sie sich die Erreichung dieses Ziels im Kopf vorstellen!

INTRINSISCH VERSUS EXTRINSISCH

Sicher wissen Sie bereits, dass es Motivation gibt, die aus Ihnen selbst kommt, und solche, die auf äußeren Faktoren basiert. Sie werden auch gehört oder gelesen haben, dass die intrinsische Motivation irgendwie die »bessere« ist, weil Sie dazu niemand anderen brauchen und weil diese Form nachhaltiger wirkt. Sie dürften sich aber auch schon gefragt haben, ob Sie dem zustimmen. Schließlich kann etwa Geld in Form von Gehalt nur als extrinsischer Faktor bezeichnet werden. Ist es deshalb vernachlässigbar, gar völlig unwichtig? Nein! Sie werden nicht für einen Apfel und ein Ei arbeiten wollen. Selbst dann nicht, wenn Sie wahnsinnig intrinsisch motiviert sind. Ein gutes Gehalt, das Ihre Leistung angemessen honoriert, muss also sein. Es stellt die Basis dar, ohne die alle »inneren Antriebe« ins Leere laufen, wie wir im Kapitel III erläutert haben.

Motivation von außen heißt Nutzenmaximierung

Möglicherweise möchte Ihr Chef die Motivation in seinem Team erhöhen. Oft wird in einem solchen Fall ausschließlich auf Anreize von außen gesetzt. Eine Erhöhung des Gehalts oder eine Bonuszahlung gehören dazu. Andere Möglichkeiten sind etwa ein Dienstauto oder ein »Upgrade« des schon vorhandenen Geschäftswagens. Natürlich wird niemand zu diesen Belohnungen Nein sagen. Doch was passiert, wenn Sie bereits das zweite Mal das höhere Gehalt auf der monatlichen Abrechnung sehen oder seit ein paar Wochen das neue Auto fahren? Richtig, es kommt Ihnen schnell selbstverständlich vor. Die Wirkung verpufft. Warum sollen Sie sich noch mehr anstrengen als normal, wenn Sie damit nicht wiederum beispielsweise mehr Geld erhalten?

Und selbst wenn es um Bonuszahlungen geht, deren Höhe beispielsweise an den Umsatz gekoppelt ist, den Sie machen: Für viele Menschen reicht das nicht, um sich dauerhaft zu motivieren. So stimmte in einer Umfrage der Unternehmensberatung Hay Group von rund 18.000 Fach- und Führungskräften in Deutschland fast jeder Zweite der folgenden Aussage zu: »Motivation ist nicht käuflich.« Rund 50 Prozent würden sich durch eine Gehaltserhöhung nicht zusätzlich anspornen

lassen, und für jeden Vierten sind auch erfolgsabhängige Anteile an der Vergütung nicht motivierend. Über die Hälfte der Fachkräfte fühlt sich danach sogar unter Druck gesetzt, wenn der variable Gehaltsanteil 30 Prozent oder mehr beträgt.[26]

Nur drastisches Gehaltsplus hat einen Effekt

Weitere Studien sind ebenfalls interessant: An der Universität von Northern Iowa wurde analysiert, wie viel Prozent der Arbeitgeber drauflegen muss, um überhaupt einen Effekt zu erzielen. Es sind satte sieben bis acht! Erst bei einem solchen Plus beim Gehalt fühlen sich Mitarbeiter laut dieser Untersuchung so sehr gewürdigt, dass sie sich mehr anstrengen. Geringere Aufschläge wirken dagegen nur sehr kurzfristig. Wissenschaftler der Universität Trier, des University College London und der Universität von Wisconsin-Milwaukee fanden heraus, dass von einem leistungsabhängigen Gehalt nur die überdurchschnittlich Produktiven, die Leistungsträger, profitieren.[27]

Die Höhe des Gehalts hat offenbar weniger Einfluss auf die Motivation, als oft angenommen wird. Der Mensch ist keineswegs ausschließlich auf möglichst hohen finanziellen oder anderen Profit aus. Wäre es so, würde man sich kaum erklären können, warum so viele ein Ehrenamt ausüben, Stiftungen gründen oder Dinge tun, die sie sehr schnell um sehr viel Geld ärmer machen. Auch der Einsatz für andere widerspricht einer ausschließlich extrinsischen Motivation. Konsequent zu Ende gedacht, dürfte sich sogar niemand für Nachwuchs entscheiden, wenn sein Handeln nur oder überwiegend vom eigenen Nutzen bestimmt wäre.

Motivationsquellen in sich selbst ausschöpfen

Kommen wir zur Motivation, deren Quellen Ihre eigenen Werte, Ihre Ziele und die Tätigkeit, die Sie gewählt haben, sind. Genau genommen kommt diese intrinsische Motivation aus Ihnen selbst, denn die aufgezählten Ursprünge haben ja alle mit Ihnen und ausschließlich mit Ihnen zu tun. Fahren Sie Ski, dann wollen Sie das oft nicht deshalb tun, um anderen zu zeigen, dass Sie die schwarze Abfahrt in Ihrem Lieblingsskigebiet meistern können. Vielmehr motiviert Sie möglicherweise schlicht und einfach der Spaß, den Sie beim Carven oder dem klassischen Parallelschwung haben.

Während Bewunderung durch andere ein extrinsischer Motivationsfaktor ist, zählt der Stolz auf sich selbst und die eigene Leistung zu den intrinsischen Faktoren.

Andere Faktoren sind Neugierde, Aktivitätsdrang, der Wunsch nach Erkenntnis oder Leistung um der Leistung willen. Das englische Wort »intrinsic« heißt »innerlich dazugehörend, wesentlich oder wahr«.

Logischerweise ist daher diese Art der Motivation eine sehr dauerhafte, weil sie nicht von sich wandelnden äußeren Bedingungen abhängt.

Sind Sie intrinsisch motiviert, bedeutet das vor allem auch eine große Unabhängigkeit. Alles, was Sie brauchen, um Ihr Vorhaben fokussiert und ausdauernd umzusetzen, schöpfen Sie aus sich selbst. Das ist wohl der größte Vorteil der inneren gegenüber der äußeren Motivation: Sie sind autark. Es kann Ihnen egal sein, was andere tun. Allerdings wird es vor allem am Arbeitsplatz nicht möglich sein, sich ausschließlich intrinsisch zu motivieren, wie das nächste Kapitel zeigt.

IN KÜRZE

- **Intrinsische Motivation kommt aus einem selbst, extrinsische Motivation von außen.**
- **Beide Formen der Motivation haben einen Einfluss aufs Handeln, »funktionieren« also.**
- **Geld, Statussymbole wie Autos oder auch die Anerkennung durch andere motivieren extrinsisch.**
- **Mehr Geld führt nur begrenzt und oft nur temporär zu mehr Motivation.**
- **Bei der Motivation von innen treiben die Tätigkeit selbst, die eigenen Werte oder die eigenen Ziele an.**
- **Intrinsische Motivation macht unabhängig von anderen und wirkt nachhaltig.**

»Ob jemand
motiviert ist oder
nicht, bestimmt
sein Gehirn und
nicht der Zufall.«

WAS MITARBEITERINNEN UND MITARBEITER MOTIVIERT

KAPITEL 4

Wir haben in den vorhergehenden Kapiteln eine Menge über Motivation, Entscheidungen, Ansprüche an sich selbst und Ziele erfahren – und darüber, warum gerade in unserer Zeit all das so wichtig ist. Wir befinden uns in Zeiten der Veränderung und müssen uns selbst verändern, wollen wir dauerhaft mithalten, ja mehr als das, nämlich erfolgreich sein, ein erfülltes und spannendes Leben führen. Für die Fähigkeit, sich zu verändern, und für das, was man braucht, um diese auch wirklich einzusetzen, ist Motivation wohl der ausschlaggebende Schlüssel. Das gilt für den privaten Bereich, etwa die Partnerschaft oder Hobbys, und es gilt selbstverständlich für den Job, den Arbeitsplatz, den Beruf, der auch Berufung sein sollte.

Im Folgenden wollen wir uns dem widmen, was speziell die Motivation in der beruflichen Sphäre ausmacht, hemmt oder fördert. Wir werden erfahren, wer alles einen Einfluss darauf hat und was sich tun lässt, wenn es mit der Motivation nicht so aussieht, wie es aussehen sollte. Sich damit eingehend zu beschäftigen, ist eine Menge Zeitaufwand wert. Denn: Topmotivierte Mitarbeiterinnen und Mitarbeiter führen nicht nur ein für sie selbst besseres Leben, sie sind auch der entscheidende Faktor für den Erfolg ihres Unternehmens. Dazu nämlich leisten Menschen gerade im rohstoffarmen Deutschland und im postindustriellen Zeitalter den wesentlichsten Beitrag.

MITREISSER, MITMACHER, ZAUNGÄSTE UND VERLORENE

Welche Position jemand in seinem Unternehmen hat, welche Arbeit er macht, wie lange er schon im Betrieb ist, welches Gehalt er bekommt: All das sind Möglichkeiten, eine Mitarbeiterin beziehungsweise einen Mitarbeiter zu beschreiben. Dann gibt es noch das Alter, die Ausbildung oder auch im Laufe des Berufslebens erworbene Qualifikationen. Allerdings sagen diese Dinge wenig darüber aus, wie engagiert jemand ist, was er bewegt und bewirkt. Interessant sind daher diese Zahlen, die Untersuchungen ergeben haben: Im Schnitt gehören rund 24 Prozent der Belegschaft zu den sogenannten Mitreißern, 43 Prozent sind Mitmacher, 27 Prozent lassen sich als Zaungäste klassifizieren, und die restlichen 6 Prozent haben innerlich bereits gekündigt.

Würden Sie spontan sagen können, in welche Gruppe Sie gehören? Hoffentlich ganz eindeutig zu den Mitreißern. Das sind diejenigen, die Meilensteine setzen, die ihren Betrieb voranbringen, die Neues wagen, die Herausforderungen gerne annehmen und meistern, die handeln und die, wie der Name es sagt, andere begeistern können. Als Führungskraft sollten Sie zwingend Mitreißer sein, denn sonst hätten Sie

Ihre herausgehobene Position nicht verdient. In der zweiten Gruppe, unter den Mitmachern, befinden sich die Mitarbeiter, die sich begeistern lassen und dann mal mehr oder weniger engagiert ihre Aufgaben lösen. Sie werden in jeder Firma benötigt, weil auch sie Projekte voranbringen können. Allerdings besteht bei den Mitmachern stets die Gefahr, dass sie in die Gruppe der Zaungäste abdriften.

AUFGABE

Sind Sie eher Mitreißer, Mitmacher, Zaungast oder haben Sie gar innerlich gekündigt? Wenn Sie nicht zu den Mitreißern gehören, was fehlt dafür Ihrer Meinung nach? Notieren Sie Ihre Gedanken.

Ein Drittel trägt sehr wenig bei

Die Zaungäste wiederum sind, was der Name treffend aussagt, mehr Zuschauer denn Agierende. Sie zeigen eine nur geringe Motivation und wenig Engagement. Sie beobachten, was geschieht, geben ab und zu Kommentare ab, doch sie sind nicht selbst die Handelnden, die Antreiber, die Ideengeber, die Macher. Warum jemand sich damit begnügt, mehr passiv als aktiv zu sein? Weil die Bedingungen, die für Motivation sorgen, nicht gegeben sind. Welche dies sind, werden wir auf den folgenden Seiten untersuchen. Zuvor noch zur letzten Gruppe, denn wir haben ja erst 94 Prozent der Mitarbeiter »erfasst«.

Die restlichen 6 Prozent sind diejenigen, die innerlich bereits gekündigt haben. Warum sie das dann nicht auch nach außen hin tun, also eine Kündigung auf Papier unterschreiben und ihrem Chef auf den Tisch legen? Vielleicht weil sie denken, dass es woanders noch schlimmer sein könnte als an ihrem aktuellen Arbeitsplatz. Und das ist nun eine wirklich traurige Erkenntnis! Ebenso dramatisch: Zaungäste und Mitarbeiter mit innerer Kündigung stellen im Schnitt ein Drittel der Belegschaft. Jeder Dritte also trägt nicht wirklich viel zum Erfolg des Unternehmens bei. Wie gut müssen da die übrigen Mitarbeiter sein, wie genial vor allem die Mitreißer, wenn der Betrieb dennoch überlebt.

Riesiges Potenzial für mehr Motivation

Dass ein Drittel im Wesentlichen nur physisch anwesend ist, das heißt aber noch etwas anderes: Es gibt in den allermeisten Unternehmen ein enormes Potenzial für mehr Motivation! Es fehlen also nur die entsprechenden Veränderungen, und dann wird ein spürbarer Ruck durch den Betrieb gehen? Nur? So einfach ist es selbstverständlich nicht, denn wie wir auf den vorhergehenden Seiten erfahren haben, stehen jedem Wandel ernste Widerstände entgegen. Äußere, doch auch innere.

Das Beharrungsvermögen des Menschen hat neurobiologische Gründe, unüberwindbar ist es allerdings nicht. Machen wir uns deshalb daran, die Gründe für Demotivation am Arbeitsplatz zu durchleuchten beziehungsweise – positiv gewendet – die Möglichkeiten aufzuzeigen, wie sich Passivität oder Resignation in Aktivität, Zuversicht, Engagement verwandeln lassen.

Zwei globale Studien fühlen auf den Zahn

Bevor wir zu den Lösungen kommen, wollen wir uns zunächst detaillierter mit der Bestandsaufnahme beschäftigen. Aussagefähig sind zwei unterschiedliche, global angelegte Studien von Willis Towers Watson, einer der weltweit führenden Unternehmensberatungen: die »Global Workforce Study« (GWS) und die »Global Talent Management & Rewards Study« (TM&R). Für Erstere gaben 31.000 Arbeitnehmer auf dem gesamten Globus, davon 1.500 in Deutschland, Auskunft zu ihrem beruflichen Umfeld und zu ihrer individuellen Einstellung zu ihrer Tätigkeit.

Die TM&R wertete Antworten von mehr als 2.000 Unternehmen mit rund 21 Millionen Mitarbeitern in knapp 30 Ländern aus. 34 davon sind in Deutschland beheimatet, darunter DAX-, MDAX- und größere Familienunternehmen. Themen waren die Gewinnung und Bindung von Mitarbeitern sowie Talentmanagement- und Vergütungsprogramme. Dinge also, an denen schon jetzt niemand vorbei kann und die künftig noch an Bedeutung zunehmen werden. Schließlich schreitet der demografische Wandel voran und steigt gleichzeitig die Zahl der Jobs, für die topqualifizierte Leute gesucht werden.[28]

Das Ergebnis beider Studien in Kürze: Deutsche Manager sind top im Business, offenbaren jedoch Schwächen als Führungskräfte. Unter anderem fehlt es offenbar an zielführender Kommunikation, und »deutschen Managern fällt es schwerer, ihre Mitarbeiter zu inspirieren«, so Heike Ballhausen, Global Account Director bei Willis Towers Watson. Topnoten gibt es zunächst beim Beitrag zum Unternehmenserfolg: 14 Prozentpunkte besser als der Durchschnitt der Region EMEA (Europa, Naher Osten, Afrika) und 9 Prozentpunkte besser als der internationale Schnitt. Ähnlich gut fällt die Benotung bei der Kostenkontrolle aus, nämlich 14 Prozentpunkte besser als in der Region EMEA sowie 10 Prozentpunkte besser als weltweit.

Defizite bei den Soft Skills

Ganz anders jedoch das Bild bei den Soft Skills. Beispiel: Von allen Befragten weltweit geben sechs von zehn an, von ihren Vorgesetzten gefördert zu werden. In Deutschland sagt dies weniger als die Hälfte. Bei allen anderen Schlüsselkompetenzen fallen die Bewertungen für deutsche Führungskräfte ebenfalls schlechter aus als in der EMEA-Region oder weltweit. Ein dramatisches Resultat, denn wie leistungsbereit und motiviert ein Mitarbeiter ist, hängt davon ab, wie kompetent die Führungskräfte sind - wohlgemerkt ist damit die soziale, nicht die fachliche Kompetenz gemeint.

Sowohl weltweit als auch in Deutschland sind neben dem Topmanagement auch die Führungskräfte entscheidend dafür, wie sehr sich die Mitarbeiter einsetzen. »Der direkte Vorgesetzte nimmt eine Schlüsselrolle beim nachhaltigen Engagement ein, und dafür ist das Beherrschen der Soft Skills essenziell«, so Helmuth L. Luder, Head of Talents & Rewards bei Willis Towers Watson Deutschland. Defizite in diesem Bereich spiegeln sich in den Zahlen der Studien wider: So hat der Anteil der Mitarbeiter, der nachhaltig engagiert arbeitet, innerhalb von zwei Jahren von 35 auf 33 Prozent abgenommen. Noch alarmierender ist der Anstieg des Anteils derjenigen, die lediglich ihren Vertrag erfüllen, also Dienst nach Vorschrift machen: von 21 Prozent auf 26 Prozent.

Ein möglicher Grund für diesen hohen Prozentsatz ist laut Ballhausen die abnehmende Identifikation mit dem Unternehmen. Weitere Zahlen stützen diese Einschätzung: Der Anteil der Befragten, die stolz darauf sind, für ihr Unternehmen zu arbeiten, sank innerhalb von vier Jahren von rund zwei Dritteln auf nur noch rund 50 Prozent. Ebenso auf Talfahrt: das Verständnis für die Unternehmensziele. Ballhausen: »In Deutschland ist die Vermittlung der Strategie ein wichtiger Faktor für eine kontinuierliche Mitarbeitermotivation, und hier besteht deutliches Verbesserungspotenzial.« Mitarbeiter, deren Arbeitgeber besser kommunizieren, verstünden die Ziele und das daraus resultierende Vorgehen besser.

Was Mitarbeiter wirklich bindet

Was die Mitarbeiterbindung angeht, hebt Willis Towers Watson eine Fehleinschätzung der Mitarbeiterinteressen hervor. Man gehe davon aus, dass Mitarbeiter vor allem mit Karriereaussichten und einem guten Arbeitsverhältnis zu Vorgesetzten gehalten werden könnten. Tatsächlich aber sind offenbar zuerst das Gehalt und erst danach die Karrierechancen ein Grund zum Bleiben. Nicht verwunderlich, erinnern wir uns an die hierarchisch angeordneten Bedürfnisse. Allerdings gilt auch, was uns die Zwei-Faktoren-Theorie Herzbergs (siehe Seite 76) zeigt: Eine angemessene Bezahlung ist lediglich ein Hygienefaktor, nämlich eine notwendige, aber nicht hinreichende Bedingung für Zufriedenheit und Motivation.

Menschen wollen zunächst einmal ihre Basic Needs befriedigen. Zuallererst natürlich Essen, Trinken, Schlafen, Sicherheit durch ein Dach über dem Kopf. Doch im Beruf hat ein ausreichendes Gehalt durchaus den Rang eines Grundbedürfnisses. Wer zu wenig zahlt, der kann mit den tollsten Aufstiegschancen locken, er wird keine guten Leute finden. Ja, wenn ein Mitarbeiter anderswo entscheidend mehr verdienen könnte, ist sogar die positive Arbeitsbeziehung zu den Vorgesetzten von untergeordneter Bedeutung.

Demgegenüber haben Eigenständigkeit und Eigenverantwortung eine große Sogwirkung auf Mitarbeiter - in Deutschland eine größere als in den meisten anderen Ländern. Bindende Wirkung hat zudem eine Employee Value Proposition, die auflistet, was das Unternehmen bietet und was es fordert. Mit dieser Klarheit über das Geben und Nehmen tun sich aber deutsche Unternehmen laut Willis Towers Watson schwer.[29] Auch hier besteht also offenbar ein unausgeschöpftes Potenzial. Anders ausgedrückt: Wir haben jede Menge Luft nach oben in puncto Bindung von Mitarbeitern - und natürlich ebenso bei der Anwerbung von Talenten.

Mehr Mitreißer und Mitmacher!

Mitreißer, Mitmacher, Zaungäste und die nur noch physisch Anwesenden: Unternehmen sollten alles dafür tun, die ersten beiden Gruppen zu vergrößern - und damit automatisch die beiden anderen zu minimieren oder noch besser zu eliminieren. Was ohnehin einleuchtend ist, gilt umso mehr in den Zeiten der Veränderung, in denen wir uns befinden. Ganz einfach deshalb, weil Business as usual nicht mehr weiterhilft. Zaungäste sind daher fast ebenso verlorenes Kapital wie diejenigen, die im Kopf und im Herzen schon gekündigt haben. Warum gerade jetzt die Aktiven, Engagierten, Begeisterten gebraucht werden, wollen wir im nächsten Abschnitt näher untersuchen.

IN KÜRZE

- **Im Schnitt 24 Prozent der Mitarbeiter sind die Mitreißer, die das Unternehmen zuverlässig voranbringen und andere mitreißen können.**
- **43 Prozent lassen sich als Mitmacher bezeichnen, die sich begeistern lassen und mehr oder weniger engagiert ihre Arbeit verrichten.**
- **27 Prozent sind Zaungäste, die eher nur zuschauen, wenig Eigeninitiative zeigen und auch eher wenig motiviert arbeiten.**
- **6 Prozent haben innerlich bereits gekündigt, sind also im Wesentlichen physisch anwesend, ohne sich richtig einzusetzen.**
- **Diese Zahlen offenbaren ein großes unausgeschöpftes Potenzial in Sachen Mitarbeitermotivation.**
- **Studien belegen, dass ein Mangel an Motivation eng mit Schwächen bei den Soft Skills der Führungskräfte zusammenhängt.**

WARUM WIR MEHR MOTIVIERTE MITARBEITER BRAUCHEN

Sofern alles läuft wie immer, läuft es auch mit einer eher durchschnittlich motivierten Belegschaft ganz gut. Ja, vielleicht reicht sogar geringes Engagement, wenn die täglichen Abläufe stets dieselben sind.

Dann nämlich wird heute genau oder fast dasselbe wie gestern getan, und morgen sieht es ebenso aus. Früher gab es eine Menge Unternehmen, die exakt diese Situation hatten. Ein lange eingeführtes Produkt oder eine bewährte Dienstleistung, eine ausreichende Zahl an Stammkunden, ab und zu ein paar neue Kunden, welche verloren gegangene ersetzten.

Da reichte es absolut, wenn die Mitarbeiter ihre fachliche Kompetenz einbrachten. Die hatte sich oft in vielen Jahren Betriebszugehörigkeit herausgebildet. Jeder wusste, was er konnte, und jeder hatte seine Aufgabe, trug seinen genau definierten Anteil zum Ergebnis bei. Die Tätigkeiten änderten sich nicht oder nur minimal, weil die technische Entwicklung nur langsam voranschritt. Weiterbildung war selten nötig, eine völlige Umorientierung so gut wie gar nicht. So gab es viele Karrieren, bei denen sich während einiger Jahre oder Jahrzehnte wenig tat. Man stieg allein wegen der bereits im Unternehmen zugebrachten Zeit auf. Oft beendeten Menschen ihr Berufsleben in derselben Firma, in der sie als Azubi angefangen hatten.

Dynamik hat Statik ersetzt

Diese Beschreibung zeigt schon, wie fern solche Zeiten heute sind. Aus vielerlei Gründen funktioniert das sehr statische Modell nicht mehr. Wenn Sie noch einmal das Kapitel I lesen, werden Sie dem sofort zustimmen. So gibt es kaum noch Produkte oder Dienstleistungen, die über Jahre unverändert bleiben. Bei den meisten sinkt vielmehr die Halbwertszeit ständig. Es hilft also nicht, einmal ein tolles Angebot entwickelt zu haben. Wer dabei stehen bleibt, der ist in Kürze weg vom Fenster, der wird gegen seine Wettbewerber im Markt verlieren. Ebenso schnell verändern sich die technischen Prozesse der Fertigung, aber auch die Strukturen im Unternehmen.

Und damit nicht genug: Mitarbeiter wollen heute gar nicht mehr lebenslang dasselbe tun. Ihre Bedürfnisse unterliegen ebenso einem Wandel wie die der Konsumenten. Teamarbeit und Kooperationen sind viel stärker gefragt als früher. Schauen Sie nur einmal auf sich selbst: Möchten Sie alles und jedes allein lösen und dabei immer allein auf die eigenen Kenntnisse, Fähigkeiten und Erfahrungen angewiesen sein? Oder möchten Sie nicht vielmehr von dem profitieren, was Ihre Kolleginnen und Kollegen wissen, können und erlebt haben? Herzlichen Glückwunsch, wenn Sie die erste Frage mit einem klaren Nein und die zweite mit einem ebensolchen Ja beantworten.

Zusammen statt allein

Teamarbeit und Kooperationen sind das Gebot der Stunde. Unsere Welt ist zu komplex geworden, als dass wir ohne die Hilfe anderer Lösungen für die täglichen Aufgaben finden könnten. Das gilt im Privatleben, es gilt am Arbeitsplatz und es gilt auch für jedes Unternehmen als Ganzes. Bei Letzterem sind damit sowohl die Beziehungen innerhalb des Betriebs gemeint als auch die zu Partnern außerhalb. Manche sprechen von Ökosystemen, die unsere Arbeitswelt mehr und mehr prägen. Man profitiert voneinander und ist natürlich auch in gewisser Weise voneinander abhängig. Sie von anderen Menschen, deren Input wichtig für Sie und beziehungsweise oder Ihre Arbeit ist. Ihr Unternehmen von denen, deren Leistungen die eigenen ergänzen.

Was das mit der Frage zu tun hat, warum wir gerade jetzt mehr motivierte Mitarbeiterinnen und Mitarbeiter brauchen? Sehr viel, denn weniger klare Zuständigkeiten und stattdessen Verlagerung der Arbeit auf Teams sind ja - wie gesagt - eine Folge von mehr Komplexität. Dazu kommt die enorme Geschwindigkeit der vielfältigen Veränderungen, die ebenfalls den Einzelnen überfordert, wenn er sich auf sich allein zurückzieht. Beides erzeugt Unsicherheit und den Zwang zu permanenten Innovationen. Um das zu bewältigen, muss die Motivation tatsächlich höher sein als in ruhigeren Gewässern, in denen es genügt hatte, Tag für Tag und Jahr für Jahr seine gewohnte Arbeit zu tun.

Vom Dienst nach Vorschrift bis zu den Hochengagierten

Wir müssen uns in definitiv sehr turbulenten Zeiten ans obere Ende der Maslow-Pyramide des Mitarbeiterengagements bewegen. Was damit gemeint ist? Blättern Sie noch einmal ein paar Seiten zurück zum 3. Kapitel. Dort ging es im Unterkapitel 2 um die Hierarchie der menschlichen Bedürfnisse. Nach den physiologischen kommen die der Sicherheit, dann die sozialen, anschließend die der Achtung und schließlich ganz oben die Selbstverwirklichung. Erst wenn die Bedürfnisse der untersten Stufe befriedigt sind, kann man sich an die darüber angesiedelten machen. Schließlich werde ich kaum in der Lage sein, meine persönliche Weiterentwicklung voranzutreiben, wenn mich Durst oder Hunger quälen.

Adaptiert auf das Thema Engagement am Arbeitsplatz hat Kohlhammer Consulting folgende Pyramide vorgestellt:[30]

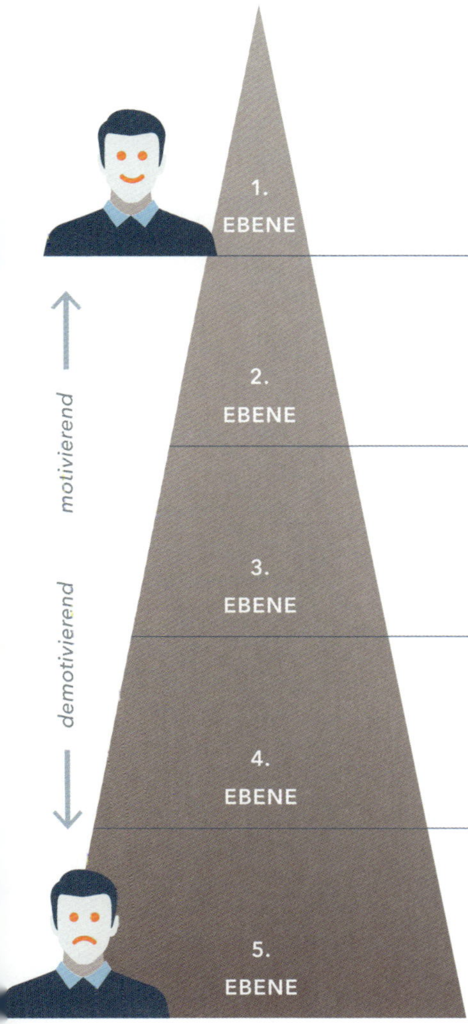

VERWIRKLICHUNG - HOCHENGAGIERT
Die Mitarbeiter dieser Stufe transportieren volle Begeisterung: »Ich liebe meine Arbeit. Ich hoffe, ich kann andere durch meine Arbeit inspirieren.«

BEDEUTUNG - ENGAGIERT
Wer die 4. Ebene erreicht hat, zählt bereits zu den Engagierten: »Ich leiste einen entscheidenden Teil zum Gesamtergebnis. Meine Arbeit ist wichtig, und ich habe Erfolg dabei.«

ZUGEHÖRIGKEIT - EINIGERMASSEN ENGAGIERT
Mitarbeiter auf dieser Ebene sagen sich: »Ich bin Teil von etwas Größerem. Ich bin aber auch weg, wenn ich etwas Besseres finde.«

SICHERHEIT - NICHT ENGAGIERT
Hier lautet ein typischer Kommentar etwa so: »Die bezahlen mir eigentlich nicht genug. Hauptsache, ich habe einen Job.«

ÜBERLEBEN - DIENST NACH VORSCHRIFT
Wer sich auf dieser Stufe befindet, würde auf die Frage, warum er jeden Tag beispielsweise ins Büro geht, etwa so antworten: »Ich arbeite hier, um Geld zu verdienen. Es ist nur ein Job.«

Anders als bei der Originalpyramide von Maslow müssen und sollten hier natürlich nicht sukzessive alle Stufen durchlaufen werden. Vielmehr dient die Adaption dazu, den Status quo einzuschätzen. Unternehmenschefs oder Führungskräfte können sich fragen, wo sich die Masse ihrer Belegschaft beziehungsweise ihres Teams aufhält, also welcher Ebene die meisten zugeordnet werden können. Und überlegen Sie sich selbst, wo Sie sich sehen. Welche der aufgelisteten Aussagen würden Sie am ehesten machen, wenn es um Ihren Job geht? Ist es eine der unteren drei Ebenen, haben Sie – verharmlosend ausgedrückt – noch nicht die richtige Tätigkeit, das passende Unternehmen oder die ideale Position gefunden.

Glückwunsch, wenn Sie den Aussagen für die obersten beiden Ebenen zustimmen, ja wenn Ihnen genau diese Sätze auf der Zunge liegen. Solche Mitarbeiterinnen und Mitarbeiter werden heute dringend gebraucht, um Innovationen voranzutreiben und die nötigen Transformationen zu bewältigen. Doch auch für Sie ganz persönlich, für Ihre Entwicklung, Ihre Zufriedenheit und Ihr Glück, sollten Sie etwas tun, das Ihnen Sätze entlockt wie »Ich freue mich jeden Tag auf meine Aufgaben in meinem Job« und »Andere mit meinem Enthusiasmus anzustecken, fällt mir leicht«.

Die alles entscheidende und superspannende Frage lautet nun natürlich: Wovon hängt es ab, in welcher Ebene sich die meisten Mitarbeiterinnen und Mitarbeiter sammeln? Was können Unternehmen, was können Führungskräfte tun, um möglichst viele auf die obersten beiden Ebenen zu hieven? Was kann der Einzelne, was können Sie tun, um hochengagiert und hochmotiviert zu sein beziehungsweise zu werden? Damit beschäftigen wir uns in diesem und dem nächsten Kapitel – und fangen dabei mit dem an, was im Job Motivation oder eben Demotivation erzeugt.

IN KÜRZE

- **Business as usual reicht heute nicht mehr, um als Unternehmen dauerhaft erfolgreich zu sein.**
- **Aus diesem Grund ist eine durchschnittliche Motivation der Mitarbeiter zu wenig.**
- **Der rasche Wandel in allen Bereichen erfordert hohes Engagement für Innovationen.**
- **Menschen wollen heute mehr, als über Jahrzehnte im Wesentlichen das Gleiche zu tun.**
- **Die Motivationspyramide reicht vom Überleben mit »Dienst nach Vorschrift« bis zur Verwirklichung der Hochengagierten.**

OHNE ANGEMESSENES GEHALT WIRD ES SCHWER

Ganz klar: Wer etwas leistet, der möchte dafür angemessen entlohnt werden. Geld hat zwar nicht die Kraft, unsere Emotionen anzuschüren und zu begeistern. Wenn es aber fehlt, hat dies sehr wohl eine starke Wirkung - nämlich eine Antimotivation. Es verhält sich demnach mit dem Geld so ähnlich wie mit der Gesundheit. Sind Sie krank, fällt so gut wie alles ziemlich schwer. Bezeichnen Sie sich als gesund, ist die Wirkung eher eine neutrale. Sie bekommen keinen zusätzlichen Schub oder höchstens dann, wenn Sie gerade eine heftige Erkältung oder Schlimmeres überwunden haben. Fühlen Sie sich allerdings so richtig pudelwohl, fühlen Sie sich mehr als »nur« gesund, dann kann Sie das durchaus pushen.

Genauso ist es mit dem Gehalt. Fallen die monatlichen Eingänge auf dem Konto zu gering aus, werden Sie auch der netteste Chef und die spannendste Arbeit nicht dauerhaft motivieren können. Es mangelt dann einfach an der Basis, an der notwendigen, wenn auch nicht hinreichenden Bedingung für Ihr Engagement. Dabei geht es zum einen darum, dass Ihnen eventuell schlicht die Mittel fehlen, um den Lebensstandard, den Sie haben möchten, dauerhaft zu garantieren.

Mindestens genauso wichtig ist zum anderen jedoch etwas anderes: Sie leiden darunter, dass Ihre Arbeit nicht ausreichend gewürdigt wird! Das kennen Sie auch von Produkten oder Dienstleistungen, die Ihnen angeboten werden: Was billig ist, dem schreiben Sie automatisch einen nur geringen Wert zu. Und das möchte natürlich niemand auf Arbeitsleistung bezogen haben.

Wertschätzung schon in der Gehaltsverhandlung

Was aber ist ein angemessenes Gehalt, das nicht die Motivation drückt? Dafür gibt es die Möglichkeit, beispielsweise im Internet danach zu recherchieren, was durchschnittlich in der eigenen Branche für einen vergleichbaren Job gezahlt wird. Allerdings spielen selbstverständlich immer auch die Erfahrung, spezielle Fähigkeiten, der Grad an Eigenständigkeit oder auch Weiterbildungen eine Rolle. Letztendlich zählt vor allem, ob der Arbeitgeber honoriert, was jemand tatsächlich an Qualifikationen und Eigeninitiative oder auch an Bereitschaft, Verantwortung zu übernehmen, mitbringt.

Sie sehen also: Das Thema Wertschätzung steht bereits in der Gehaltsverhandlung ganz oben auf der Liste der Punkte, die schließlich zu hoher Motivation führen. Sagt der Chef »Ja« zu einer Summe, die Sie als angemessen betrachten, freut Sie das zum einen deshalb, weil Sie künftig jeden Monat eine angemessene Überweisung bekommen. Eine Überweisung, von der Sie wissen, dass sie für das Leben reicht, das Sie führen möchten beziehungsweise zu führen gewohnt sind. Welche Summe dies ermöglicht, werden Sie nämlich vorher kalkuliert haben.

TIPP

Als Führungskraft: Geben Sie keine Gehaltserhöhung ohne ein Mehr an Leistung und Performance.

Als Mitarbeiter: Zeigen Sie, dass Sie mehr leisten können und wollen. Bringen Sie Ihre Ideen ein, übernehmen Sie Verantwortung, machen Sie sich unentbehrlich. Verdeutlichen Sie, warum Ihr Unternehmen auch künftig einen entscheidenden Mehrwert durch Sie hat.

Das »Ja« des Entscheiders freut Sie jedoch ebenso aus einem anderen Grund: Er gibt Ihnen damit die Bestätigung, dass Ihre Forderungen gerechtfertigt sind – und das ist wiederum Ausdruck für die erwähnte Wertschätzung. Sie haben vielleicht verhandeln müssen, aber Ihre Vorstellungen wurden akzeptiert? Ist das so, wird der Faktor Gehalt Ihre Motivation nicht begrenzen! Es wird dann kein limitierender Faktor sein, sondern eine Conditio sine qua non für echtes Engagement.

IN KÜRZE

- **Jeder erwartet für seine Leistung eine angemessene Bezahlung.**
- **Geld hat keine überaus starke Motivationskraft, doch zu wenig Gehalt wirkt demotivierend.**
- **Wer zu niedrig entlohnt wird, bekommt damit signalisiert, dass seine Arbeit nicht ausreichend gewürdigt wird.**
- **Mit einem angemessenen Gehalt wird dagegen die Leistung des Mitarbeiters wertgeschätzt.**
- **Die monatliche Überweisung sollte zumindest so hoch sein, dass sie nicht zum limitierenden Faktor für die Motivation wird.**

WEGE ZU MEHR MOTIVATION AM ARBEITSPLATZ

Grundsätzlich gelten in puncto Motivation im Privat- und im Berufsleben dieselben Regeln. Schließlich tickt der Mensch nicht völlig anders, wenn er sein Zuhause verlässt und sein Unternehmen betritt. Allerdings sind am Arbeitsplatz andere Personen involviert als im privaten Bereich. Wir wollen im Folgenden schauen, wie Unternehmen und insbesondere Führungskräfte Einfluss auf den Grad des Engagements ihrer Mitarbeiterinnen und Mitarbeiter nehmen können.

1. FÜHRUNGSKRÄFTE MÜSSEN SICH INTERESSIEREN

Wie schon beim Thema angemessenes Gehalt läuft auch beim Interesse der Führungskräfte alles auf die Wertschätzung hinaus. Wichtig ist dabei, dass diese fundiert ausfällt, statt lediglich mehr oder weniger unbegründet zu sein. Werden Sie beispielsweise ganz nebenbei - etwa beim zufälligen Treffen in der Kantine - mit einem flüchtig dahingeworfenen Lob Ihres Teamchefs bedacht, wird Ihnen das kaum weiterhelfen. Sie werden sich fragen, was genau Sie denn so toll gemacht haben. Und Sie werden mehr oder weniger automatisch argwöhnen, dass sich der andere gar nicht wirklich mit Ihrer Arbeit befasst hat. Das läuft dann eher an Ihnen vorbei, als dass es Sie anspornt. Was sich nämlich jeder wünscht, ist echtes Interesse - und für das muss Zeit aufgewendet werden.

Wertschätzung ist für fast jeden Zweiten das Wichtigste

Genauer untersucht hat das die Onlinejobbörse CareerBuilder, ein international tätiger Anbieter von Human-Resources-Lösungen, der den Recruiting-Prozess von der Ausschreibung bis zur Einstellung kennt. In den USA ist das Unternehmen Marktführer und in Deutschland hat es die bekannten Marken JobScout24, Jobs.de und CareerBuilder unter einem Dach vereint.

Laut einer Umfrage der Experten in Sachen Mitarbeitersuche und -bindung sind für 47,9 Prozent der Arbeitnehmer ein gutes Arbeitsklima und Wertschätzung das Wichtigste im Job. 23,7 Prozent wünschen sich ein attraktives Gehalt und gute Aufstiegschancen. Familienfreundlichkeit und die Möglichkeit, von zu Hause aus arbeiten zu können, bezeichnen 12,6 Prozent der Befragten als wichtigen Aspekt.

Auf dieser Liste folgen regelmäßige Weiterbildungen und Trainings mit 5,4 Prozent und attraktive Sozialleistungen mit 4,9 Prozent. Nach den Ergebnissen von CareerBuilder nur eine untergeordnete Rolle spielen nette Kollegen, mit denen Arbeitnehmer auch mal ihre Freizeit verbringen können (3,8 Prozent), und Benefits wie ein Firmenwagen, ein Handy oder ein Zuschuss zum Fitnessstudio (1,7 Prozent). Mit Statussymbolen allein scheint man also kaum noch jemanden dauerhaft halten zu können.

AUFGABE

Was sind für Sie die wichtigsten Dinge in Ihrem Job? Notieren Sie fünf Punkte.

In ihrem aktuellen Job rundum glücklich sind laut CareerBuilder nur 9,4 Prozent.[31] Eine Zahl, die für alle Chefs alarmierend sein muss. Sie haben nicht nur vermehrt Schwierigkeiten, neue qualifizierte Kräfte anzuwerben. Auch die Bindung der bewährten Mitarbeiterinnen und Mitarbeiter ist längst kein Selbstläufer mehr. Unternehmen sind heute dazu gezwungen, sich aktiv um ihre Belegschaft zu kümmern. Und hier und da mal einen Bonus zu zahlen oder ein rasches »Gut gemacht« sind definitiv zu wenig.

Gute Employee Experience hält Mitarbeiter

Die Experten glauben, dass echte Wertschätzung in der heutigen schnelllebigen Welt immer mehr an Bedeutung gewinne – zumal in einem Arbeitsmarkt, der zu einem Bewerbermarkt geworden sei. »Wer Wert auf eine gute Candidate Experience legt, sollte auch dafür sorgen, dass diese anschließend in eine noch bessere Employee Experience mündet«, sagt Karsten Borgmann, Geschäftsführer von CareerBuilder Germany. Borgmann ergänzt: »In Zeiten des Kampfes um die besten Talente ist es ratsam, in die Mitarbeiterbindung zu investieren, um wertvolle Mitarbeiter nicht an Wettbewerber zu verlieren.«

Dafür sind laut dem renommierten Unternehmen nicht immer monetäre Anreize nötig. Bereits das eine oder andere ehrlich gemeinte lobende Wort des Vorgesetzten oder die Möglichkeit der flexiblen Arbeitsgestaltung könnten wahre Wunder bewirken. Denn Wertschätzung bedeute auch Vertrauen in die eigenen Mitarbeiter und deren Kompetenzen.[32] Es gilt demnach: Das Interesse des Vorgesetzten an der eigenen Arbeit und auch an der eigenen Person sind Toptreiber fürs Engagement im Job.

Auch das Menschliche zählt

Sollten also Führungskräfte Freundschaften mit ihren Mitarbeitern aufbauen, sich anhören, was gerade in deren Leben passiert, und ihnen selbst eher intime Dinge erzählen? Ja und nein. Wirklich enge Beziehungen können sich ergeben, doch sie sind nicht notwendig, um eine hohe Motivation zu erreichen. Ganz unpersönlich sollte es aber auch nicht zugehen. Schließlich ist es niemandem möglich, sein »Job-Ich« völlig von seinem privaten Ich zu trennen. Beide überlappen sich zumindest, ja sollten im Grunde ein- und dasselbe sein.

Auch Sie wollen sicherlich als Mensch gesehen und behandelt werden. Dafür muss Ihr Chef wissen, ob Sie vielleicht gerade eine Krise durchstehen oder im Familienkreis etwas Belastendes passiert ist. Wir verbringen einfach zu viel Zeit am Arbeitsplatz, um dort ohne Interesse am eigenen Leben zufrieden zu sein. Es ist daher kaum verwunderlich, dass eine Führungskraft nur dann Erfolg hat, wenn sie die Signale ihrer Mitarbeiter verstehen und intelligent darauf reagieren kann. Der EQ von Chefs sollte demnach nicht hinter ihrem IQ zurückstehen – worauf wir noch zurückkommen werden.

Emotionale Intelligenz ist ein Erfolgsfaktor

Untersucht wurde die emotionale Intelligenz von Führungskräften als Erfolgsfaktor im Umgang mit Mitarbeitern an der Hochschule für Angewandte Psychologie der Fachhochschule Nordwestschweiz – einem der führenden Kompetenzzentren für Arbeits-, Organisations- und Wirtschaftspsychologie im deutschen Sprachraum.

> Demnach müssen Führungskräfte neben kognitiven Fähigkeiten auch über emotionale Stärken verfügen, damit sie in der Lage sind, ihre eigenen und die bei ihren Mitarbeitern vorhandenen Kompetenzen und Ressourcen zur vollen Wirkung zu bringen.

Teams, bei denen diese Bedingungen erfüllt seien, hätten einen höheren Erfolgsfaktor, weil ihre Motivation und Leistungsbereitschaft hoch seien. Dysfunktionale Haltungen und kontraproduktive zwischenmenschliche Umgangsstile von Führungspersonen würden dagegen das Wirkungspotenzial eines Teams beziehungsweise der Mitarbeiter entscheidend beeinträchtigen. Weiter wird konstatiert, Menschen hätten ein natürliches Bedürfnis nach Anerkennung und Wertschätzung und seien bereit, dafür auch eine Menge zu tun.

Nicht zu sachlich und nicht zu lieb

Fehlender Motivation werden zwei Ursachen zugeschrieben: ein durchgehend emotionsloser, nur sachlicher Führungsstil beziehungsweise eine Friede-Freude-Eierkuchen-Atmosphäre. Im ersten Fall seien Wertschätzung und Anerkennung für die Mitarbeiter so weit entfernt, dass sie nicht mehr als motivierende »Rewards«, als Belohnungen, wirken könnten. Niemand glaubt in einer stets kühlen Atmosphäre ernsthaft an warme Worte seines Teamchefs - und so strengt er sich auch nicht an, um diese zu bekommen.

Im zweiten Fall gebe es ein Übermaß an Freundlichkeit oder gar Kumpelhaftigkeit, was Anerkennung und Wertschätzung zur »billigen Ware« machen würde, um die man sich nicht mehr bemühen müsse. Für beide Fälle wird ein Kollaps der Motivation »diagnostiziert«. Gute Führung wahre demgegenüber die Balance zwischen Zuwendung und Führung. Sie arbeite mit beiden Komponenten, mit Wertschätzung und mit klaren, transparenten Vorgaben, wie diese zu erwerben sei.[33]

Was uns das lehrt? Offenbar ist »zu weich« genauso schlecht wie »zu hart«. Mitarbeiter wollen eine authentische Führung mit Empathie und ehrlichem Interesse, aber sie wollen durchaus auch gefordert werden. Ergo: Sie brauchen Chefs mit einer ausgeprägten emotionalen Intelligenz. Was allerdings genau unter dem sogenannten EQ zu verstehen ist, lässt sich weniger scharf definieren als beim klassischen Intelligenzquotienten, dem IQ.

Was ein hoher EQ bedeutet

Der in Kalifornien lebende Psychologe Reuven Bar-On hat sich näher mit dem befasst, was unter emotionaler Intelligenz zu verstehen ist. Zunächst identifizierte er in fünf Dimensionen eingeteilte Persönlichkeitsmerkmale, die als Kernpunkte emotionaler Intelligenz über den Lebenserfolg bestimmen:

- Intrapersonale Fähigkeiten: Selbstachtung, emotionale Aufmerksamkeit, Bestimmtheit im Sinne von Ausdrücken der eigenen Emotionen und Wünsche, Erkennen der eigenen potenziellen Fähigkeiten, Selbststeuerung und Freiheit von emotionaler Abhängigkeit

- Interpersonale Fähigkeiten: Empathie, soziales Verantwortungsgefühl sowie Aufbau und Pflege zwischenmenschlicher Beziehungen
- Anpassungsfähigkeit: Problemlösen, Realitätsprüfung in Bezug auf die eigenen Gedanken und Gefühle, Flexibilität und damit angemessener Umgang mit sich ändernden Bedingungen
- Stressmanagement: Stresstoleranz, aktive und positive Stressbewältigung und Impulskontrolle
- Allgemeine Stimmung: Fröhlichkeit, Zufriedenheit mit dem eigenen Leben, Optimismus und positive Einstellung

Später hat Bar-On sein Konzept zum »Modell der emotionalen und sozialen Intelligenz« umgebaut, dessen Komponenten wie folgt lauten: Selbstachtung, emotionale Selbstaufmerksamkeit, Bestimmtheit, Empathie, zwischenmenschliche Beziehungen, Stresstoleranz, Impulskontrolle, Realitätsprüfung, Flexibilität und Problemlösen.[34] Es leuchtet ein, dass all dies und mithin die emotionale Intelligenz sich stark auf das Interesse von Führungskräften an ihren Mitarbeitern auswirkt – und mithin auf deren Motivation.

Daniel Goleman arbeitete konkret heraus, wie sich emotionale Kompetenzen auf den Erfolg im Arbeitsleben auswirken. Nach dem US-amerikanischen Psychologen gibt es 18 emotionale Kompetenzen, die vier Dimensionen zugeordnet werden, wobei gute Führungskräfte in mindestens sechs Kompetenzen hohe Werte erzielen (und dabei alle vier Bereiche abdecken) sollten:[35]

Selbstwahrnehmung
Sich selbst erkennen

- Die eigenen Emotionen erkennen und verstehen
- Eine zutreffende Selbsteinschätzung
- Selbstvertrauen, der Einklang von Selbstwert und Fähigkeiten

Selbstmanagement
Umgang mit eigenen Gefühlen

- Emotionale Selbstkontrolle
- Vertrauenswürdigkeit und Gewissenhaftigkeit
- Anpassungsfähigkeit
- Zielstrebigkeit

- Initiative
- Optimismus und positive Grundhaltung

Social Awareness
Die Gefühle der anderen besser verstehen

- Empathie
- Organizational Awareness
- Service

Relationship Management
Den Emotionen der anderen mit Intelligenz begegnen

- Inspirative Führung
- Einfluss
- Entwicklung anderer voranbringen
- Katalysator des Wandels sein
- Konfliktmanagement
- Kollaboration

Eine gute *Selbstwahrnehmung* zu haben heißt, wirklich im Bilde zu sein über die eigenen Emotionen, Stärken und Schwächen, Werte und Motive. Wir alle haben wechselnde Stimmungen und Empfindungen. Wer diese bewusst wahrnimmt und reflektiert, ist eher als andere in der Lage, sich selbst und auch anderen Menschen gegenüber mit Ehrlichkeit zu begegnen. Wenn Sie sich kennen und einschätzen können, werden Sie zumeist Entscheidungen treffen, die Sie auch einige Wochen später noch unterschreiben würden. Und das Wahrnehmen der eigenen Person schult das Wahrnehmen anderer Menschen – auch der Mitarbeiter.

Beim *Selbstmanagement* in puncto Gefühle geht es darum, beispielsweise übereilte Reaktionen vermeiden zu können. Sind Sie gerade sehr wütend, sollten Sie zunächst den Zorn verrauchen lassen. Führungskräfte, die negative Gefühle unter Kontrolle haben, schaffen es, fair mit ihren Mitarbeitern umzugehen. Das fördert die Motivation, denn niemand braucht Angst zu haben, etwa wegen einer misslungenen Präsentation in Bausch und Bogen abgekanzelt zu werden. Es zeugt von Interesse für den Menschen, wenn man einen Fehler nicht pauschalierend auf die gesamte Leistung hochrechnet.

Die *Social Awareness* hängt, wie bereits angedeutet, eng mit der Selbstwahrnehmung zusammen. Wer zu einer differenzierten und bewussten Wahrnehmung der eigenen Person fähig ist, dem fällt es in der Regel auch leicht, die Handlungen und Gefühle anderer korrekt zu interpretieren und entsprechend zu würdigen. Gerade für eine Führungskraft ist es wichtig, die Einzigartigkeit eines Mitarbeiters zu erfassen sowie ebenso dessen aktuelle Verfassung - ohne sich dabei selbst zu verlieren. Die Nähe-Distanz-Regulation, die über den Erfolg jeder Beziehung mitentscheidet, muss funktionieren, wenn der andere sich als eigenständige Person erleben und zugleich das Interesse seines Chefs spüren soll. Dazu gehört auch die Organizational Awareness, mit der das Erkennen von wechselseitigen Einflüssen und Machtstrukturen in einer Organisation gemeint ist.

Das *Relationship Management* schließlich beinhaltet im Kern das Verständnis anderer Menschen sowie die Fähigkeit, dies zu kommunizieren. Wissen oder glauben Sie zu wissen, was im anderen vorgeht, können Sie nur dann die Beziehung zu ihm aktiv gestalten, wenn Sie ihm das mitteilen. Auf die berufliche Sphäre bezogen ist etwa die Formung eines Teams oder auch die klare Zuweisung von Verantwortlichkeiten gefragt. Führungskräfte, die das Relationship Management als Aufgabe identifizieren und annehmen, signalisieren ihren Mitarbeitern damit, dass ihnen deren Entwicklung am Herzen liegt. In diesem Fall nämlich wird man statt einer ausschließlichen Fokussierung aufs Fachliche stets auch die persönliche Ebene im Kopf haben.

Suche nach Anerkennung fördert Motivation

Interesse am Mitarbeiter haben, dieses zeigen und auch danach handeln: Das sind wichtige Schlüssel für mehr Motivation am Arbeitsplatz. Sie schließen sozusagen die Herzen auf und animieren dazu, sich weit vom Dienst nach Vorschrift wegzubewegen. Wer sich vom Vorgesetzten ernst genommen und wertgeschätzt weiß, der will ihn nicht enttäuschen. Er holt das Beste aus sich heraus, statt lediglich das zu tun, was zwingend nötig ist. Wie in privaten zwischenmenschlichen Beziehungen möchte er Anerkennung - und die ist nur etwas wert, wenn man davon ausgehen kann, dass der andere sie ehrlich meint.

IN KÜRZE

- **Mitarbeiter erwarten echtes Interesse an der eigenen Arbeit sowie der eigenen Person.**
- **Unbegründetes oder im Vorbeigehen geäußertes Lob werden wenig ernst genommen.**
- **Fundierte Wertschätzung, die wirken soll, braucht Zeit und Ehrlichkeit.**
- **Führungskräfte müssen nicht zwingend Freundschaften zu ihren Mitarbeitern aufbauen, wohl aber grundsätzlich über deren private Situation Bescheid wissen.**
- **Sowohl ein zu sachlicher als auch ein zu freundschaftlicher Umgang mit den Mitarbeitern wirken sich eher kontraproduktiv aus.**
- **Eine hohe emotionale Intelligenz - ausgedrückt unter anderem in guter Selbstwahrnehmung und gutem Beziehungsmanagement - ist ein entscheidender Erfolgsfaktor.**

AUFGABE

Sehen Sie sich auf den folgenden Seiten die 18 emotionalen Kompetenzen von Daniel Goleman nochmals an. Geben Sie sich für jede eine Schulnote (1 = sehr gut, 2 = gut, 3 = befriedigend, 4 = ausreichend, 5 = mangelhaft, 6 = ungenügend). Sollten Sie bei einigen Kompetenzen Defizite feststellen, überlegen Sie, wie Sie hier ins Handeln kommen, um diese zu beheben.

Die eigenen Emotionen erkennen und verstehen

Note: 1 2 3 4 5 6

Verbesserungen nötig? Wenn ja, dann wie?

Eine zutreffende Selbsteinschätzung

Note: 1 2 3 4 5 6

Verbesserungen nötig? Wenn ja, dann wie?

Selbstvertrauen, der Einklang von Selbstwert und Fähigkeiten

Note: 1 2 3 4 5 6

Verbesserungen nötig? Wenn ja, dann wie?

Emotionale Selbstkontrolle

Note: 1 2 3 4 5 6

Verbesserungen nötig? Wenn ja, dann wie?

Vertrauenswürdigkeit und Gewissenhaftigkeit

Note: 1 2 3 4 5 6

Verbesserungen nötig? Wenn ja, dann wie?

Anpassungsfähigkeit

Note: 1 2 3 4 5 6

Verbesserungen nötig? Wenn ja, dann wie?

Zielstrebigkeit

Note: 1 2 3 4 5 6

Verbesserungen nötig? Wenn ja, dann wie?

Initiative

Note: 1 2 3 4 5 6

Verbesserungen nötig? Wenn ja, dann wie?

Optimismus und positive Grundhaltung

Note: 1 2 3 4 5 6

Verbesserungen nötig? Wenn ja, dann wie?

Empathie

Note: 1 2 3 4 5 6

Verbesserungen nötig? Wenn ja, dann wie?

Organizational Awareness

Note: 1 2 3 4 5 6

Verbesserungen nötig? Wenn ja, dann wie?

Service

Note: 1 2 3 4 5 6

Verbesserungen nötig? Wenn ja, dann wie?

Inspirative Führung

Note: 1 2 3 4 5 6

Verbesserungen nötig? Wenn ja, dann wie?

Einfluss

Note: 1 2 3 4 5 6

Verbesserungen nötig? Wenn ja, dann wie?

Entwicklung anderer voranbringen

Note: 1 2 3 4 5 6

Verbesserungen nötig? Wenn ja, dann wie?

Katalysator des Wandels sein

Note: 1 2 3 4 5 6

Verbesserungen nötig? Wenn ja, dann wie?

Konfliktmanagement

Note: 1 2 3 4 5 6

Verbesserungen nötig? Wenn ja, dann wie?

Kollaboration

Note: 1 2 3 4 5 6

Verbesserungen nötig? Wenn ja, dann wie?

---

2. UNTERNEHMENSWERTE TAG FÜR TAG GELEBT

Was die in einem Unternehmen propagierten und gelebten Werte, was der Ruf und das Ansehen des Betriebs mit der Motivation der Mitarbeiter zu tun haben? Nun, betrachten wir zunächst die umgekehrte Situation: Arbeitgeber beziehungsweise deren Personalverantwortliche googeln heute häufig die Kandidaten, bevor sie etwa die Stelle des Marketingleiters oder des Kundenberaters neu besetzen. Exzellente Zeugnisse, lange Berufserfahrung und toll formulierte Bewerbungen allein sind ihnen nicht aussagekräftig genug.

Nach nur ein paar Klicks finden die Personaler heraus, dass Bewerber A sich ehrenamtlich engagiert, intelligente Kommentare zu seinem Fachgebiet schreibt und häufig auf Messen der Branche Kontakte pflegt. Seine Konkurrenten dagegen fallen eher mit exzessivem Posten von Urlaubsfotos auf oder gar mit übler Nachrede auf ehemalige Arbeitgeber. Logischerweise hat eine solche Recherche Folgen für die Auswahl!

Das Netz weiß vieles

Im Kampf um Talente kann es sich jedoch auch ein Unternehmen nicht mehr leisten, ein unbeschriebenes oder gar negativ beschriebenes Blatt zu sein. Potenzielle Mitarbeiter sind heute in der Lage, an einem Abend im Internet so viel über ihren möglichen Arbeitgeber herauszubekommen, wie es ihnen früher auch mit wochenlanger Recherche nicht möglich war. Denn: Ähnlich wie Privatpersonen hinterlassen auch Unternehmen digitale Spuren.

Selbst ohne eigene Auftritte in den sozialen Medien wird man schnell – jedenfalls ab einer gewissen Größe – zahlreiche Artikel im Netz finden. Da sind zum Beispiel in den Medien erschienene Texte oder auch die Resonanzen auf Arbeitgeberbewertungsportalen. Wie wird die aktuelle wirtschaftliche Lage des Unternehmens beurteilt? Mit welchen Stärken kann es punkten? Was hat es in den letzten Jahren für Auszeichnungen erhalten? Engagiert es sich für seine Region?

Mit Employer Branding Mitarbeiter werben und motivieren

Bei alldem sind Fakten wie der Umsatz oder das Leistungsportfolio nur die eine Seite. Stellensuchende interessiert mindestens ebenso der Ruf des Unternehmens. Wird es als vorbildlicher Betrieb wahrgenommen oder aus dem einen oder anderen Grund eher negativ beurteilt? Das Stichwort in diesem Zusammenhang heißt Employer Branding, die Bildung der Arbeitgebermarke. Dabei müssen Unternehmen zunächst einmal selbst verstehen, wer sie sind, für was sie stehen und wo sie hinwollen – und dann müssen sie dies auf ihre Zielgruppen unter den potenziellen Mitarbeitern anwenden. Was ist für diese wichtig? Was erwarten sie?

Natürlich wirkt das Employer Branding ebenso auf die Mitarbeiterinnen und Mitarbeiter, die bereits im Unternehmen sind. Das, was mögliche Bewerber anzieht, ist in der Regel auch das, was die aktuellen Angestellten begeistert. Aus diesem Grund hat der Aufbau einer attraktiven Arbeitgebermarke nicht nur Bedeutung für das Recruiting, sondern in gleicher Weise auch als Maßnahme zur Förderung des Engagements im bestehenden Team. Überlegen Sie einmal: Möchten Sie nicht auch

gerne in einem Unternehmen unterschreiben, das viele anzieht und dem die Bewerber quasi die Tür einrennen? Und motiviert es Sie nicht sehr, wenn Ihr Unternehmen genau dieses Image hat?

Was ein Unternehmen »sexy« macht

Doch was konkret macht eine Firma »sexy«? Was führt dazu, dass sie einen Ruf bekommt, der Menschen von weit her anlockt? Ohne Frage tragen dazu die Bezahlung und die Sicherheit des Arbeitsplatzes bei. Doch auch Start-ups sind häufig begehrt, obwohl sie in der Regel mit eher geringen Ressourcen wirtschaften und kaum garantieren können, dass ihr Geschäftsmodell profitabel sein und überleben wird. Bei den »Kleinen« und »Neuen« sind es andere Faktoren, die anziehend wirken - etwa die lockere Atmosphäre, die flachen Hierarchien, die Offenheit für neue und auch für unkonventionelle Ideen. Also schlechte Karten für größere und etablierte Unternehmen? Nein, entscheidend ist das tatsächliche Image.

Bausteine für dieses Gesamtbild eines Unternehmens sind beispielsweise das Betriebsklima, die Art und Weise des Umgangs mit den Mitarbeiterinnen und Mitarbeitern, die Arbeitsbedingungen oder auch die Flexibilität bei der Arbeitszeit. Darüber hinaus geht es jedoch auch um das Ansehen in der Öffentlichkeit. Firmen, die Skandale verarbeiten müssen, tun sich eher schwer - und das heute mehr als früher, weil sich schlechte Nachrichten viel rascher und weiträumiger verbreiten. Eilt dagegen dem Arbeitgeber zum Beispiel der Ruf voraus, besonders innovationsfreudig zu sein, bedeutet das einen dicken Pluspunkt vor allem bei denjenigen, die selbst bereit zur Veränderung sind. Und diese Bereitschaft ist in unseren Zeiten des Wandels die Grundbedingung für Erfolg.

Nachhaltigkeit und soziale Verantwortung

Weiterhin hoch im Kurs stehen Nachhaltigkeit und soziale Verantwortung. Viele Mitarbeiter bevorzugen Unternehmen, denen es wichtig ist, etwa sparsam mit Energie umzugehen und negative Auswirkungen auf die Umwelt zu minimieren. Grund dafür ist nicht nur ein gestiegenes Interesse am Umwelt- und Klimaschutz. Vielmehr wissen die Menschen, dass letztlich allein nachhaltiges Wirtschaften zukunftsfähig ist. Dieses erwarten sie daher schon deshalb von ihrem Arbeitgeber, weil sie einen zukunftsfähigen Arbeitsplatz haben möchten. Einen Arbeitsplatz, der nicht morgen oder spätestens übermorgen abgeschafft wird, wenn sich zum Beispiel gesetzliche Bestimmungen im Hinblick auf Nachhaltigkeit verschärfen.

Ähnlich sieht es bei den Sozialstandards aus. Dabei geht es zahlreichen Menschen nicht nur um die für sich selbst und ihre Kollegen. Wichtig ist ihnen auch, wie es bei den Lieferanten oder etwa in Tochterunternehmen aussieht, die im Ausland produzieren. Natürlich sollte es dort keine Kinderarbeit geben. Weiterhin gehören beispielsweise Versammlungsfreiheit, humane Arbeitszeiten, angemessene Bezahlung, Absicherung bei Krankheit, ausreichend Urlaubstage und Arbeitsschutzmaßnahmen zu den Dingen, auf die ein Arbeitgeber bei allen Partnern und Töchtern achten sollte. Dabei helfen Branchenstandards, die von Organisationen wie FLA (Fair Labour Association) oder BSCI (Business Social Compliance Initiative) entwickelt wurden.[36]

Mehr als Gewinnmaximierung erwartet

Ebenfalls relevant für Bewerberinnen und Bewerber sowie Mitarbeiterinnen und Mitarbeiter: Hat das Unternehmen eine Mission? Ist klar, warum es unverzichtbar ist, gibt es also eine Antwort auf das Warum? Hat es Ziele, die über einen möglichst hohen Gewinn hinausgehen? Stellt es langfristige Rentabilität über kurzfristige Maximierung der Rendite? Will es zum Beispiel Lösungen finden für drängende Probleme in puncto Umwelt- oder Klimaschutz? Will es die Lebensqualität in seinem Land oder darüber hinaus verbessern? Will es Produkte oder Dienstleistungen entwickeln oder vervollkommnen, auf die man als Mitarbeiter stolz sein kann?

Es motiviert ungemein, wenn die eigene Arbeit nicht nur dem Geldverdienen dient, wenn sie sozusagen höhere Zwecke erfüllen hilft. Menschen wollen Teil von etwas Großem sein, sie wollen häufig auch in ihrem Job mehr als »nur« ihre eigene Karriere vorantreiben. Menschen suchen daher nach einem Unternehmen, das ihnen dies bietet – und sie bleiben gerne in einem solchen und arbeiten dort hochmotiviert. Dies natürlich nur, wenn auch die anderen Faktoren stimmen, die fürs Engagement unerlässlich sind.

AUFGABE

Was zeichnet in Ihren Augen das Unternehmen positiv aus, für das Sie gerade arbeiten? Was ist für Sie dort eher negativ oder was fehlt Ihnen? Und was könnten Sie daran positiv verändern?

Studie »Karriere trifft Sinn«

Details zu dem, was vom Arbeitgeber erwartet wird, liefert die embrace-Studie »Karriere trifft Sinn« der Medienfabrik Gütersloh. Rund zwei Drittel der dafür befragten jungen Talente verschiedener Studiengänge – unter anderen sowohl der Wirtschafts- als auch der Geisteswissenschaften – verlangen die Förderung von Gleichberechtigung und Diversität. 65 Prozent wünschen sich eine soziale und kulturelle Verantwortung des Arbeitgebers und 56 Prozent Engagement für Umwelt- und Klimaschutz. 79 Prozent finden es wichtig, dass ihr künftiger Arbeitgeber dieselben Werte vertritt wie sie selbst.

Die letzte Zahl interpretiert Prof. Dr. Christoph Beck von der Hochschule Koblenz, einer der führenden Experten für Human Resources Management in Deutschland, als klares Statement: »Das heißt für die Arbeitgeber, dass sie das Thema ›werteorientierte‹ Unternehmensführung ernst nehmen müssen.« Die Konsequenz für die Personalauswahl sei, dass die Mitarbeiterbindung dann am besten funktioniere, wenn die Wertesymmetrie zwischen Arbeitgeber und Mitarbeiter relativ hoch sei.[37]

Arbeitszeit je nach persönlicher Situation

Um welche Werte aber geht es eigentlich? Ein wichtiges Stichwort in diesem Zusammenhang ist auch die Work-Life-Balance. Die wird bekanntlich immer wichtiger, und kaum jemand lässt sie unerwähnt, der von der Veränderung der Lebenseinstellungen schreibt oder redet. Balance bedeutet dabei das, was der Name aussagt, nämlich Gleichgewicht und nicht den Untergang des einen zugunsten des anderen. Um hochmotiviert zu sein und zu bleiben, wollen die meisten Menschen nicht ausschließlich von ihrer Arbeit dominiert werden. Statt nun jedoch den Zeiteinsatz für den Job zu minimieren, ist eher Vereinbarkeit etwa mit Familie und Kindern gefragt.

Die embrace-Studie »Karriere trifft Sinn« liefert auch dazu beeindruckende Zahlen: 95 Prozent der zukünftigen Fachkräfte ist es wichtig, Zeit mit Familie und Freunden zu verbringen. 82 Prozent möchten die Arbeitszeit der persönlichen Situation anpassen können. 71 Prozent wollen außerhalb der Arbeitszeiten nicht mehr erreichbar sein müssen. Und 57 Prozent der befragten Nachwuchstalente wünschen sich sogar explizit die freie Einteilung ihrer Arbeitszeit.

Freiheit und Unabhängigkeit hoch im Kurs

Ein Widerspruch zur These, Arbeit und Freizeit würden immer mehr verschmelzen? Nicht unbedingt. Entscheidend ist vielmehr die Sehnsucht nach mehr Selbstbestimmung, also auch Unabhängigkeit vom Arbeitgeber. Der sollte das ernst nehmen und weniger Zwang ausüben, denn damit erreicht er viel eher, dass sich die Mitarbeiter hochmotiviert fürs Unternehmen einsetzen. Ein klarer Beleg für diese Einschätzung sind Kommentare der an der embrace-Studie beteiligten Führungskräfte.

So sagt etwa Dr. Nico Rose, Vice President Employer Branding & Latent Acquisition bei Bertelsmann: »Das Interessante ist: Nicht erreichbar sein zu müssen impliziert ja gewissermaßen wieder den Wunsch nach Flexibilität – das ist etwas anderes, als nicht mehr erreichbar sein zu wollen. Ich übersetze das jetzt mal folgendermaßen: ›Mein Handy ist auch nach Feierabend an – und wenn es passt, antworte ich auch gerne noch. Und wenn nicht, eben nicht – das muss dann ebenso akzeptiert werden.‹«[38]

Vertrauen ins Verantwortungsbewusstsein

Offenbar wollen Menschen, denen Erfolg wichtig ist, also keineswegs mit Arbeitsende jeden Gedanken an ihr Unternehmen und ihre Arbeit bis zum nächsten Morgen ablegen. Sie möchten nur nicht ständig in Bereitschaft sein müssen, ohne eine Möglichkeit zu haben, einmal wirklich abzuschalten. Sie möchten höchstwahrscheinlich auch nicht »von oben« kontrolliert werden. Stattdessen wollen sie selbst entscheiden, wann sie was nach Feierabend tun. Völlig legitim natürlich! Und wer als Chef seinem Team beziehungsweise den Führungskräften diese Freiheit nicht nur deshalb lässt, weil er es aus arbeitsrechtlichen Gründen muss, sondern weil er Vertrauen in seine Leute hat, der motiviert damit ungemein.

Kommt Ihnen ein solcher Chef bekannt vor? Dann herzlichen Glückwunsch! Oder haben Sie eher das Gegenteil? Vielleicht sogar einen, der regelmäßig am späten Abend nachfragt, ob es noch etwas Dramatisches gegeben habe? Wie auch immer, Sie werden es an sich selbst beobachten können: Geschieht es völlig freiwillig und ohne jeden emotionalen Druck, gehen auch Sie sicher gerne einmal am Abend oder an einem Sonntag ans Handy, wenn ein Kunde anruft, oder Sie beantworten eine berufliche E-Mail außerhalb der eigentlichen Arbeitszeit. Sie werden selbst am besten wissen, wann das tatsächlich wichtig ist und wann es ohne Probleme bis zum nächsten Arbeitstag aufgeschoben werden kann. Unternehmen, in denen man um dieses Differenzierungsvermögen der Mitarbeiterinnen und Mitarbeiter weiß und dies auch kommuniziert, werden in Beliebtheitsrankings mehr und mehr vordere Plätze besetzen. Und das aus gutem Grund. Denn: Letztlich ist ja gelebtes Vertrauen auch ein gelebter Unternehmenswert!

IN KÜRZE

- Mitarbeiterinnen und Mitarbeiter interessieren sich für den Ruf eines Unternehmens.
- Von Bedeutung sind unter anderem das Einhalten sozialer Standards (auch bei Lieferanten etc.), nachhaltiges Wirtschaften, das Betriebsklima und Flexibilität bei der Arbeitszeit.
- Hohe Innovationskraft bedeutet einen klaren Pluspunkt bei Bewerbern und motiviert das Team.
- Mitarbeiter suchen nach Unternehmen, die mehr als nur Gewinnmaximierung anstreben.
- Unternehmen brauchen heute ein Employer Branding, also eine unterscheidbare und präzise ausgearbeitete Arbeitgebermarke.
- Erster Schritt ist es zu definieren, wofür das Unternehmen steht, was es ausmacht und wo es hinwill.
- Ebenso wichtig ist die Analyse der Erwartungen und Wünsche potenzieller Mitarbeiterinnen und Mitarbeiter.

3. JEDEN SEIN POTENZIAL AUSSCHÖPFEN LASSEN

Mit Sicherheit einer der wirksamsten Motivatoren am Arbeitsplatz ist die Möglichkeit, die eigenen Stärken zu nutzen und so das eigene Potenzial auszuschöpfen. Wie sehr das antreibt, zeigt besonders deutlich der Vergleich mit dem Gegenteil: Stellen Sie sich einen begnadeten Fußballer vor, der fürs Tennisspielen relativ unbegabt ist. Seine Eltern, selbst begeisterte Tennisspieler, schicken ihn in den Tennisclub des Ortes und drängen ihn zum regelmäßigen Training. Ja, er wird mit der Zeit bestimmt besser, doch seine Motivation liegt in überschaubaren Grenzen. Warum? Weil er für den Tennissport einfach nicht die richtigen physischen Voraussetzungen hat und – zumindest unbewusst – weiß, dass er es in diesem Sport niemals weit bringen wird und dass dieser daher nichts für ihn ist.

Ein weit hergeholtes Beispiel? Nehmen wir andere! Den IT'ler etwa, der viel lieber etwas richtig Kommunikatives machen möchte. Vertrieb könnte er sich vorstellen, doch das ist ihm (scheinbar) zu spät klargeworden. Oder die Floristin, die diesen Beruf ergriffen hat, weil er in der Familie liegt, die aber schon in ihrer Kindheit davon träumte, Häuser zu entwerfen. Sich an seine frühen Jahre zu erinnern, ist ein guter Weg, um den eigenen Stärken auf die Spur zu kommen. Was konnten Sie bereits in der Schule besser als Ihre Klassenkameradinnen und -kameraden? Für was schlug Ihr Herz? Was fiel Ihnen leicht, wozu brauchten Sie sich nie zu motivieren, weil Sie dabei ohnehin immer voll motiviert waren? Welche Fähigkeiten haben Sie sich schneller angeeignet als andere?

AUFGABE

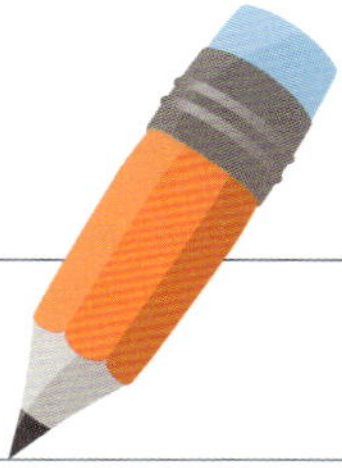

Welche Ihrer Stärken können Sie bei Ihrer aktuellen Tätigkeit nutzen? Und welche eher nicht?

Hilfreich ist es auch, sich zu überlegen, um was andere Menschen Sie häufig bitten. Welche Fragen oder Probleme werden an Sie herangetragen? Bei was erwartet man von Ihnen kompetente Lösungen? Bei was schreibt man Ihnen also einen Vorsprung in puncto Wissen oder Können zu? Um dem auf die Spur zu kommen, fragen Sie einfach direkt zum Beispiel Verwandte oder Freunde oder Kollegen. Welche besonderen Fähigkeiten schreiben diese Ihnen zu? Woran denken Menschen, die Sie gut kennen, als Erstes, wenn sie gebeten werden, Ihre Persönlichkeit zu beschreiben? Sicherlich werden von verschiedenen Personen verschiedene Aspekte genannt werden, doch zusammen genommen ergibt sich doch meist ein stimmiges Bild.

Talente präzise beschreiben

Sind Sie auf der Suche nach Ihren Begabungen weitergekommen, dann versuchen Sie, diese zu präzisieren. Es ist wichtig, eigene Worte dafür zu finden statt lediglich pauschalierende Begriffe. Grenzen Sie etwa »Organisieren« näher ein. Was genau organisieren Sie gut und gern und inwiefern machen Sie dies besser als andere? Gelingt es Ihnen, Ihre besonderen Fähigkeiten genau zu beschreiben, dann wird es Ihnen auch gelingen, eine Beziehung dazu zu entwickeln. Sie werden sich damit verbunden fühlen, es wird Ihnen leichterfallen, die Fähigkeit zu entwickeln und so zu einer Stärke auszubauen. Die beste Basis, um auch Ihr Gegenüber davon zu überzeugen, ja sie oder ihn von Ihren Talenten zu begeistern.

Apropos Begeisterung: In der Regel lauten die Antworten auf die Frage, was Sie gut können, und auf die, was Ihnen besonders viel Spaß macht, gleich. Das heißt: Was Sie begeistert, ist meist auch das, in dem Sie besonders gut sind. Wären Sie das nicht, würde der Enthusiasmus schnell verfliegen. Andererseits befeuert es die Freude, wenn etwas gelingt. Der Nachwuchsfußballer, der im Training neun von zehn Elfern verwandelt, wird drei Tage später mit einem noch strahlenderen Lächeln auf den Platz gehen. Und wenn Ihr Chef Ihre Präsentation über Ihr Lieblingsthema zur Nachahmung empfiehlt, werden Sie sich noch mehr in dieses Thema vertiefen – und dabei allenfalls positiven Stress empfinden.

Zusammenfassend noch einmal die Fragen, die Sie Ihre Begabungen erkennen lassen:

- Was tue ich mit viel Spaß?
- Worin bin ich besser als die meisten anderen?
- Welche Fähigkeiten erlerne ich besonders schnell?
- Was schätzen andere an mir?

Nehmen Sie sich Zeit, nachzudenken, um so einen Katalog mit Ihren speziellen Fähigkeiten zu erhalten, mit dem Sie wirklich etwas anfangen können. Dieser zeigt Ihnen Ihre Möglichkeiten auf und natürlich auch – sozusagen als Negativ Ihrer Talente – Ihre Grenzen. Dadurch, dass Sie beides besser kennenlernen, sind Sie in der Lage, Ihre Ziele daran anzupassen. Und die Beschäftigung mit den eigenen Fertigkeiten macht sensibler für die anderer Menschen. Sie geraten weniger leicht in Versuchung, lediglich zu kopieren, statt Ihre eigenen Spuren zu legen.

Begabungen müssen trainiert werden

Stärken sind das, was Sie von anderen abhebt. Sie werden allerdings nicht damit geboren. In die Wiege gelegt bekommen Sie lediglich Begabungen, aus denen Sie etwas machen, die Sie trainieren müssen. Wie unverzichtbar das ist, zeigt wiederum ein Vergleich mit dem Sport. Kein Olympiasieger etwa im Eiskunstlauf, kein Wimbledon-Sieger im Tennis, kein Weltcupsieger im Biathlon hat einfach nur sein Talent eingesetzt. Sie haben mit großer Wahrscheinlichkeit über Jahre ungezählte Stunden und Tage hart gearbeitet. Sie mussten permanent wichtige Bewegungsabläufe wiederholen, neue Techniken erlernen etc.

Nur mit langjährigem und konsequentem Training ist es möglich, dass aus den paar Schritten, die einen die Begabung anderen voraus sein lässt, eine richtig lange Strecke wird. Und das gilt natürlich ebenso in jedem anderen Beruf, in jedem anderen Feld. Es gilt beim Pianisten und beim Geiger, beim Immobilienmakler und beim Arzt, beim Geschichtsprofessor und beim Zirkusdompteur. Überall werden spezielle Fähigkeiten gebraucht, die perfektioniert werden müssen. Und dieser Prozess hat niemals ein Ende, denn Stillstand läutet den Rückschritt ein! Wir werden auf das Thema Ausdauer nochmals im fünften Kapitel eingehen.

TIPP

Jörg Löhr:
Lebe deine Stärken!
Wie du schaffst, was du willst

Wenn Sie Ihre wahren Stärken und Werte entdecken und nutzen wollen, wird Sie dieses leicht verständlich geschriebene Buch begeistern. Es ist auch als Audioprogramm erhältlich.
Bestellen Sie einfach hier:

Oder gehen Sie auf
www.joerg-loehr.com/shop

Fokus auf die Stärken

Wichtig: Konzentrieren Sie sich wirklich auf Ihre Stärken, statt zu ausgiebig Ihre Schwächen ausmerzen zu wollen. Schwächen sollten so gemanagt werden, dass sie Ihre Leistung nicht begrenzen. Nicht weniger, aber auch nicht mehr. Es lohnt sich schlicht nicht, viel Zeit in etwas zu investieren, in dem man niemals richtig gut werden kann. Dafür ist die Konkurrenz derjenigen, die einen Begabungsvorteil haben, zu groß. Was bringt es, wenn Sie beispielsweise kein Rechengenie sind, doch mit wahnsinnig viel Üben Ihre Leistungen auf einer Skala von 1 bis 10 von anfangs 2 auf am Ende 4 hieven?

Das bringt genau genommen nichts, denn Sie sind trotz all der Arbeit weiterhin ein schlechter Rechner. Nun im Mittelmaß statt wie vorher weit darunter zu rangieren, wird Sie kaum besonders motivieren. Es reicht deshalb durchaus, sich mit dem Rechnen so vertraut zu machen, dass Sie die nicht delegierbaren Aufgaben lösen können. Je nach Ihrem Beruf wird das nötige Niveau unterschiedlich sein. Setzen Sie sich damit auseinander und dann unternehmen Sie die entsprechenden Schritte. Und dasselbe gilt für alle anderen Schwächen, die sich nicht schlicht komplett ignorieren lassen.

Motivationsfaktor Nutzen von Stärken

Doch zurück zu Ihren persönlichen Stärken. Zurück zu dem, was Ihnen großen Spaß macht, was Sie mit voller Begeisterung und kaum je erlahmender Ausdauer tun. Können Sie diese Stärken an Ihrem aktuellen Arbeitsplatz nutzen? Weiß Ihr Chef überhaupt, wo Ihre Stärken liegen? Und wenn er es weiß, sorgt er dafür, dass Sie dazu passende Aufgaben bekommen? Glückwunsch, wenn Sie jetzt dreimal »Ja« gesagt haben. Sie werden dann die Möglichkeit haben, Ihr Potenzial möglichst voll auszuschöpfen – und das verleiht eine kräftige Brise Rückenwind, es ist ein starker Motivator auf dem Weg zu Ihren Zielen.

Sind Sie dagegen mit Dingen beschäftigt, die überhaupt nichts oder wenig mit Ihren Stärken zu tun haben, sieht die Sache ganz anders aus. Interessant ist nun, woran in diesem Fall die Fehlleitung Ihrer Energien liegt. Möglicherweise sind Sie auf einem für Sie falschen »Spielfeld« gelandet. Zum Beispiel deshalb, weil Sie sich für eine Ausbildung oder ein Studium entschieden haben, das nicht wirklich zu dem passt, was Sie können und möchten. Oder aber weil Ihr Unternehmen Sie an einen Platz stellt, an dem Fähigkeiten gefordert sind, die bei Ihnen unterdurchschnittlich ausgebildet sind.

Umorientieren oder das Gespräch mit der Führungskraft suchen

Im ersten Fall sollten Sie möglichst rasch gegensteuern und sich überlegen, umzusatteln. Dafür ist es nie zu spät, und oftmals brauchen Sie keineswegs einen völlig neuen Beruf zu ergreifen. Vielleicht reicht es, einfach ein wenig an der Ausrichtung zu drehen. In vielen Teams sind die Aufgaben nicht optimal verteilt. Analysieren Sie, an welchem Platz Sie am besten aufgehoben wären. Anderen in der Gruppe geht es möglicherweise auch so, dass sie ihre Stärken nur zum Teil oder gar nicht ausspielen können. Reden Sie miteinander und mit dem Teamchef. Ziel sollte es sein, jeden das tun zu lassen, was er am besten kann – und wo er somit am meisten zum Gesamterfolg beiträgt.

Im zweiten Fall liegt der Ball bei den Führungskräften in Ihrem Unternehmen, wobei Sie natürlich auf die suboptimale Lösung hinweisen können und sollten. Suchen Sie ebenso wie in Ihrem Team das Gespräch, weisen Sie offensiv auf Ihre Stärken hin, erläutern Sie, wo Sie diese viel besser als aktuell zur Geltung bringen könnten und was dies dem Unternehmen nutzen würde. Gute Führungskräfte achten selbstverständlich von sich aus darauf, ihre Mitarbeiter dort einzusetzen, wo sie ihr Potenzial optimal ausschöpfen können. Weil das letztlich im Interesse des Unternehmens liegt. Denn: Wer das tut, was er besonders gut beherrscht, ist per se produktiver. Zudem sorgt es für einen starken Motivationsschub, wenn man alles, was in einem steckt, herausholen kann und entsprechend gute Ergebnisse erzielt. Und das kommt wiederum dem Betrieb zugute – was es den Führungskräften erleichtert, sich noch mehr um den richtigen Einsatz jedes Mitarbeiters zu kümmern. Schließlich ist dafür eher Zeit, wenn es läuft, als wenn man permanent etwa hinter den Umsatzzielen hinterherhinkt. Wir haben es also mit einer positiven Rückkopplung zu tun, die es in sich hat: Der Mitarbeiter hat Aufgaben, die seine Stärken erfordern, sein Output zieht an, die Motivation ebenfalls, er kann sich noch mehr auf seine Begabungen konzentrieren, diese werden trainiert, er wird besser und besser.

Die richtige Position auf dem richtigen Spielfeld

Wie entscheidend das richtige Spielfeld und die exakt richtige Position auf dem Spielfeld sind, illustriert der Vergleich beispielsweise mit einer

Fußballmannschaft. Schließlich wird auch ein Fußballer im Angriff eingesetzt, sofern er ein gelernter und begabter Stürmer ist. Als Verteidiger träfe er sicher den Ball besser als ein Volleyballer oder Basketballer, aber seine Zweikampfbilanz sähe höchstwahrscheinlich eher schlecht aus. Umgekehrt wäre ein schon von der Physis her zum Verteidiger Geborener im Angriff keine optimale Besetzung.

Und selbstverständlich steht und fällt auch in einem Fußballteam die Motivation mit der Möglichkeit, seine Stärken auszuleben. Ein kreativer und technisch versierter Spieler, der als Mittelfeldregisseur Bälle verteilen und geniale Spielzüge einleiten darf, wird einen ganz anderen Spaß am Spiel haben als der Verteidiger im Angriff oder der Mittelstürmer in der Abwehrreihe. Erfolgserlebnisse und Spaß aber sind, wie wir bereits analysiert haben, einer der wesentlichen Faktoren fürs Engagement.

IN KÜRZE

- **Die Antworten auf Fragen wie »Was konnte ich schon immer gut?«, »Was hat mir stets besonders viel Spaß gemacht?« oder »Was habe ich sehr schnell gelernt?« führen zu den eigenen Begabungen.**
- **Talente sind angeboren. Zu Stärken werden sie erst durch regelmäßiges Training.**
- **Es ist zielführender, seine Stärken zu stärken, als zu sehr an seinen Schwächen zu arbeiten.**
- **Erfahrungswissen ist für den beruflichen Erfolg mindestens genauso wichtig wie Fachwissen.**
- **Die Möglichkeit, das eigene Potenzial voll auszuschöpfen, wirkt als starke Motivation.**
- **Führungskräfte sollten sich darum kümmern, dass ihre Mitarbeiterinnen und Mitarbeiter genau dort eingesetzt werden, wo sie ihre Stärken bestmöglich ausspielen können.**

4. MITARBEITER DÜRFEN ENTSCHEIDEN

Zum Wesen von Führung gehört es, Aufgaben delegieren zu können - und dies nicht nur in der Theorie, sondern es auch in der Praxis zu tun. Damit ist allerdings nicht das bloße Abschieben von Dingen gemeint, zu denen man als Führungskraft gerade keine oder überhaupt keine Lust hat. Sinnvolles Delegieren heißt, komplette Aufgabenstellungen an einen kompetenten Mitarbeiter abzugeben. Dieser sollte gleichzeitig die entsprechenden Befugnisse – etwa für wichtige Entscheidungen – bekommen. Zum einen kann er nur so beispielsweise den Teilbereich eines Projekts oder auch ein gesamtes Projekt so vorantreiben und zu Ende bringen, dass er den Chef wirklich entlastet. Der Zwang, ständig nachzufragen, würde Effizienz verhindern, statt sie zu steigern.

TIPP

Hier finden Sie die sieben Schritte wirkungsvoller Delegation und weitere wichtige Tipps zu diesem Thema:
www.buch-loehr.de/pdf

Zum anderen haben Verantwortung und Selbstständigkeit einen enormen Einfluss auf die Motivation. Wem Kompetenzen zugebilligt werden, der fühlt sich dadurch wesentlich mehr ernst genommen und in seiner Leistung gewürdigt, als wenn er nur einzelne Detailaufträge ausführen darf. Im ersten Fall empfindet er sich ein wenig selbst als Unternehmer, im zweiten lediglich als Befehlsempfänger. Wie relevant auch immer das Fachwissen sein mag, Menschen möchten dieses nicht nur als »ausführende Organe« einsetzen. Wer in gewissem Umfang entscheiden darf, der hat auch in gewissem Umfang die Chance zu gestalten – und damit die Möglichkeit, seine ganz persönlichen Vorstellungen zur Geltung zu bringen.

Gestaltungsfreiheit in der Praxis

Ein guter Weg ist es, nur Zeitrahmen, Ressourcen und Endergebnis vorzugeben, aber es den Mitarbeiterinnen und Mitarbeitern weitgehend selbst zu überlassen, wie sie das Ziel bis zum gewünschten Zeitpunkt erreichen. Es werden weder Zwischenziele vorgeschrieben noch genaue Schritte. Der Chef verlässt sich auf die Erfahrung, das Wissen und natürlich auch auf das Engagement seiner Leute. Letzteres befeuert er durch dieses Verhalten mehr oder zumindest genauso, wie er es durch verbal geäußerte Wertschätzung anfacht.

AUFGABE

Wann können Sie in Ihrem Job wichtige Dinge selbst entscheiden? Und tun Sie dies auch oder sichern Sie sich ständig ab und fragen eher Ihren Vorgesetzten? Notieren Sie drei Situationen.

Nehmen wir den Betrieb XY aus der Branche der Automobilzulieferer. Ein Kunde gibt die Entwicklung einer Türverkleidung für ein neues Pkw-Modell in Auftrag. Der Prototyp soll zur nächsten großen Messe in drei Monaten fertig sein, die Türverkleidung muss entsprechend früher präsentiert werden. Bei XY wird ein erfahrenes Team mit der Aufgabe betraut. Es erhält die Wünsche des Kunden und weiß um den Zeithorizont. Alles andere ist Sache des Teamchefs. Der wählt beispielsweise die Lieferanten der benötigten Materialien selbst aus und er gibt seinen fähigen Mitarbeitern ebenso Entscheidungsspielräume.

Ein konkretes Beispiel: Harry-Brot, eine bereits 1688 in Schenefeld bei Hamburg gegründete Großbäckerei. Hier setzt der Geschäftsführer Hans-Jochen Holthausen seit vielen Jahren auf Motivation von innen und aufs Wir-Gefühl. Offenbar mit Erfolg, denn Harry-Brot exportiert heute seine Produkte in zahlreiche europäische Länder. Mit Seminaren zu Themen wie Persönlichkeit und Führung, Partnerseminaren, Laufseminaren und vielem mehr fördert Schulungsleiter und Buchautor Markus Heinze den Zusammenhalt. »Motivation heißt für mich zu 90 Prozent Eigenmotivation«, betont Heinze. Jeder Mitarbeiter müsse mit Freude bei der Sache sein, denn das sei viel wirksamer als externe Belohnungssysteme. Um diese Begeisterung zu erzeugen, haben die Führungskräfte bei Harry-Brot große Entscheidungsspielräume, und zudem wird das Verantwortungsbewusstsein jedes Einzelnen gestärkt. Harry-Brot hat hier das Bild vom Selbstständigen im Angestelltenverhältnis als Leitmotiv geprägt. Der große Unternehmenserfolg gibt Harry-Brot recht.

Verantwortung braucht Mut zu Fehlern und eine Kultur des Vertrauens

Wie beim Team, das die Türverkleidung entwickelt, oder dem Team von Harry-Brot treibt auch in allen anderen Bereichen Verantwortung die Motivation an. Wie sieht es bei Ihnen persönlich aus? Was dürfen Sie entscheiden? Welche Bedeutung haben diese Entscheidungen? Bringt Ihnen Ihr Chef genügend Vertrauen entgegen oder kontrolliert er eher jede Kleinigkeit? Und trauen Sie sich, Entscheidungen zu treffen – insbesondere auch dann, wenn die aktuelle Situation vom Normalfall abweicht? Oder holen Sie sich dann eher ein Einverständnis, eventuell sogar per E-Mail, um das Okay des Vorgesetzten nachweisen zu können? Haben Sie Angst davor, eventuell einen Fehler zu begehen? Müssen Sie sich deshalb stets rückversichern, oder fordert dies Ihr Chef?

Mut, auch einmal etwas falsch oder nur nicht perfekt zu machen, ist eine unverzichtbare Voraussetzung für alle, die Entscheidungsfreiheit sowie die damit verbundene Verantwortung haben möchten. Insofern ist dieser Motivationsfaktor nicht ohne eigenen Input zu bekommen. Sie müssen, wollen Sie das positive Erlebnis von Gestaltung genießen, auch Zuständigkeit annehmen, statt sie von sich zu weisen. »Der Weg zum Ziel beginnt an dem Tag, an dem du hundertprozentige Verantwortung für dein Tun übernimmst«, sagte der italienische Dichter und Philosoph Dante Alighieri. Oder noch prägnanter der französische Schriftsteller Antoine de Saint-Exupéry: »Mensch sein heißt verantwortlich sein.«

Verantwortung zu tragen heißt eben, verantwortlich gemacht zu werden, sollte etwas schiefgehen. Diese Konsequenz vor Augen zu haben, trägt natürlich wiederum zur Erhöhung der Motivation bei. Denn: Je mehr Sie sich einsetzen, je mehr Ihres Könnens und Wissens sowie Ihrer Erfahrung Sie in die Waagschale werfen, desto geringer wird die Gefahr des Scheiterns. Nachlässigkeit wird bestraft, wenn die Folgen Ihnen zugerechnet werden. Ergo: Sie werden weniger leicht nachlässig sein! Für Führungskräfte zahlt es sich demnach aus, Verantwortung zu übertragen, statt stets selbst die letzte Instanz sein zu wollen.

Herausforderungen beim Führen virtueller Teams

Gerade in unseren Zeiten, in denen sich die Arbeitswelt stark verändert, haben die Themen Verantwortung und Entscheidungsspielräume eine besondere Bedeutung. So werden immer mehr virtuelle Teams gebildet, die zum einen häufig nur über einen relativ kurzen Zeitraum bestehen, deren Mitglieder zum anderen an zwei oder vielen verschiedenen Orten leben oder arbeiten und die drittens möglicherweise verschiedene Kulturkreise umfassen.

Das klassische Teambuilding versagt hier zumindest teilweise, weil die Gruppe nicht selten quasi über Nacht entsteht. Es gab keine Möglichkeit, zusammenzuwachsen, Vertrauen zueinander aufzubauen, gezielt ein Gefühl der Zusammengehörigkeit zu entwickeln, die Kompetenzen der anderen Teammitglieder und auch ihre Charaktere näher kennenzulernen. Entsprechend fällt das Commitment, fällt das »Ja« zum gemeinsamen Vorhaben oft wenig überzeugend aus.

Führungskräfte sind in virtuellen Teams in hohem Maße gefordert. Sie müssen die Gruppe häufig mit mehr Aufwand – im Vergleich zu einer gewachsenen Gruppe, die sich an nur einem Ort befindet – auf das übergeordnete Ziel einschwören. Sie müssen die Art des Arbeitens näher definieren, müssen vor allem die Aufgaben sinnvoll verteilen. Und

Selbstverantwortlichkeit und Selbstmotivation müssen gestärkt werden, denn die Einzelnen im virtuellen Team können sich weniger gut gegenseitig mitreißen, als wenn man Tür an Tür mit den Kollegen arbeitet.

Motivation bei virtuellen Teams

Die mit virtuellen Teams – und damit wohl der Arbeitsform der Zukunft – und insbesondere deren Führung sowie Motivation verbundenen Herausforderungen werden in der Studie »Virtuelle Teams« näher beleuchtet. Autoren sind Prof. Dr. Evelyn Albrecht-Goepfert, Führung, Unternehmensethik und Produktentwicklung an der Fachhochschule Südwestfalen, und Prof. Dr. Arnd Albrecht, Human Resources Management und International Management an der Munich Business School. Die beiden Experten haben drei Punkte ausgemacht, welche die Unterschiede zu sogenannten Präsenzteams deutlich machen:[39]

1. Fachbereiche beziehungsweise Unternehmen, die die Mitglieder und den Leiter für ein virtuelles Team stellen, müssen ein innovatives und hochflexibles Umfeld sowie Entlastung für die Teammitglieder schaffen.
2. Alle Teammitglieder müssen Führungskompetenz besitzen und so geschult sein, dass sie sofort in virtuellen Teams zusammenarbeiten können. Sie führen sich also gegenseitig.
3. Der Teamleiter muss in der Lage sein, als Projektmanager variabel auf interne und externe Veränderungen zu reagieren. Dazu muss er langjährige Erfahrung im Umgang mit interkulturellen Fragen, verschiedenen Fachfunktionen und Businesskulturen haben. Die Führung basiert auf festgelegten Verantwortlichkeitsbereichen, die aber dennoch die für die Teammitglieder nötige Handlungsfreiheit zulassen.

Unterstützung durch die Organisation fehlt

Von den 324 für die Studie von Albrecht-Goepfert und Albrecht erfassten virtuellen Teams wurden 15 Prozent spontan (Tage), 60 Prozent kurzfristig (Wochen), 18 Prozent mit geringem Vorlauf (bis zu drei Monate) und lediglich 7 Prozent strategisch (länger als ein Jahr) aufgestellt. Vier von fünf Managern seien davon überzeugt, dass es prinzipielle Unterschiede in der Führung von virtuellen Teams gegenüber klassischen Präsenzteams gibt. Vertrauen, Commitment sowie gemeinsame Zielsetzung erforderten eine hohe Gleichberechtigung der Teammitglieder. Der Teamleiter führe wie ein Primus inter pares. Rund die Hälfte aller befragten Leiter fühle sich bei der Auswahl und Leitung von virtuellen Teams weitgehend alleingelassen, nur ein Viertel sehr gut von der Organisation unterstützt.[40]

Ergebnisse, die aufhorchen lassen. Ganz offenbar ist es in den meisten Unternehmen noch nicht wirklich angekommen, dass bei modernen Teams Business as usual zu wenig sein wird. Wenn wir uns daran erinnern, wie groß das unausgeschöpfte Potenzial beim Engagement von Mitarbeitern ist, dann liegt hier vermutlich eine der Ursachen für dieses Manko. Denken Sie an den großen Anteil der »Zaungäste« und derjenigen, die bereits innerlich gekündigt haben! Da es immer mehr virtuelle Teams geben wird, ist es äußerst lohnend, sich damit zu beschäftigen, um nicht wertvolle Motivation zu verschenken. Das nämlich dürfte sich spätestens morgen oder übermorgen kaum ein Unternehmen leisten können, möchte es dauerhaft erfolgreich sein.

Moderator statt Vorgesetzter

Nach Albrecht-Goepfert und Albrecht werden sich Führungskräfte immer mehr von Vorgesetzten der alten Art in Moderatoren verwandeln. Diese stellen Teams nach den jeweils benötigten Kompetenzen zusammen. Sie kommunizieren deutlich strukturgebende Maßnahmen und Regeln. Sie stellen eine klare Aufgabenverteilung sicher, bauen Vertrauen und Verlässlichkeit auf. Außerdem etablieren sie teambildende Maßnahmen über Zeit und Raum, fördern die Entwicklung und Implementierung einer teamspezifischen Kultur, sensibilisieren die Teammitglieder für potenzielle Konflikte und tun etwas für das interkulturelle Verständnis.[41] Dies alles trifft auch für ein Präsenzteam zu, doch in sehr rasch zusammengesetzten, sehr heterogenen und über mehrere räumliche Standorte verteilten Gruppen sind die Führungs-»Jobs« zugleich relevanter und schwieriger.

Wenn Sie sich die einzelnen Punkte anschauen, welche die Moderatoren abzuarbeiten haben, spielt bei jedem das Thema Vertrauen mit. Beispielsweise werden die Mitarbeiter die Verteilung der Aufgaben nur akzeptieren, sofern sie den Teamchef für fähig erachten, das Ganze zu überblicken, jeden Einzelnen richtig einzuschätzen und daraus die passenden Schlüsse zu ziehen. Sie müssen ihm also vertrauen, und das gilt auch, wenn eine Teamkultur angenommen oder interkulturelles Verständnis erreicht werden soll. Vertrauen ist zudem die Basis dafür, Verantwortung und Entscheidungsbefugnisse zu übertragen.

Die Frage, wie man Vertrauen schafft, ist demnach eine erfolgskritische. Transparenz herzustellen kann sicher als Grundbedingung angesehen werden. Nur wenn die Mitarbeiter wissen, warum was wie geschieht, werden sie sich voll mitgenommen fühlen. Um diese »Durchsichtigkeit« und Nachvollziehbarkeit zu gewährleisten, sollten Informationen schnell und zuverlässig weitergegeben werden, statt sie irgendwo versickern zu lassen. Vertrauensbildend ist es zudem, wenn die Führungskräfte ihre Emotionen zwar kontrollieren, aber nicht verstecken. Dasselbe gilt für Konsequenz, Zuverlässigkeit und Berechenbarkeit sowie offenes Feedback an alle Mitglieder des Teams, was heißt: Nicht nach dem Zufallsprinzip lobende Worte vergießen, sondern wohlbegründet Anerkennung sowie ebenso konstruktive Kritik aussprechen.

Vertrauen bedingt Selbstsicherheit

Vertrauen ernten zu wollen, erfordert aber auch, es schenken zu können. Führungskräfte sollten an ihre Urteilsfähigkeit glauben und nicht sofort und immer Beweise dafür fordern, dass sie ihren Mitarbeiterinnen und Mitarbeitern vertrauen dürfen. Haben sie die richtigen Leute für die verschiedenen Aufgaben und Positionen ausgewählt, dann müssen sie den nächsten Schritt gehen: auf ihre Entscheidungen bauen und Freiheiten schenken. Man kann das auch als Loslassen bezeichnen. Loslassen vom Zwang zur ständigen Kontrolle. Loslassen vom unbedingten Willen zur Perfektion. Loslassen von der Manie, alles selbst zu machen. Wer loslässt, lässt damit andere frei und versetzt sie in die Lage, ihre Fähigkeiten bestmöglich zu nutzen. Ein Motivationsfaktor par excellence.

Vielleicht haben Sie beim letzten Absatz unwillkürlich ausgerufen: »Wenn das nur so einfach wäre!« – In der Tat ist es alles andere als ein Kinderspiel, Vertrauen zu schenken und damit letztlich auch sich selbst zu vertrauen. Das gelingt nur denjenigen, die über genügend Selbstbewusstsein verfügen. Denn: Man muss sich seiner selbst sicher sein, seinem Urteilsvermögen, seiner Erfahrung trauen, um all das auch im Gegenüber zu sehen. Und umgekehrt, also vom Mitarbeiter in Richtung Chef? Auch da gilt: Nur Mitarbeiter, die von sich selbst überzeugt sind, werden sich Vertrauen zu ihren Führungskräften erlauben. So betrachtet nimmt die Bedeutung von Wertschätzung, die wir bereits thematisiert haben, noch weiter zu. Schließlich benötigen wir alle Anerkennung, um uns letztlich selbst anzuerkennen! In all unserer Einzigartigkeit!

IN KÜRZE

- **Führungskräfte müssen Aufgaben sinnvoll delegieren können, um die Effizienz zu erhöhen.**
- **Entscheidungsspielräume und Eigenverantwortung fungieren als starke Motivationsfaktoren.**
- **Mitarbeitern Freiheiten zu lassen, erfordert Vertrauen in sich selbst und in andere.**
- **Virtuelle Teams stellen besondere Anforderungen an die Führungs- und Motivationsstärke des Teamleiters.**
- **Führungskräfte wandeln sich immer mehr vom Vorgesetzten zum Moderator.**

5. BEGEISTERTE VORGESETZTE BEGEISTERN

Auf die Frage, was das wahre Geheimnis von Motivation und Erfolg ist, würden sehr viele Menschen spontan sagen: Begeisterung. Vielleicht wäre dies sogar die häufigste Antwort – zumal dann, wenn man den Befragten Zeit ließe, genauer über das Thema nachzudenken. Man könnte ihnen auch Beispiele sehr erfolgreicher Persönlichkeiten nennen. Sei es der Fußballer Lionel Messi oder der Opernsänger Plácido Domingo, der Sternekoch Christian Jürgens oder der Entdecker Christoph Kolumbus: Wer wollte bestreiten, dass in all diesen Fällen Begeisterung im Spiel ist beziehungsweise war? So groß auch die Unterschiede zwischen den genannten Menschen sind: Sie haben mit Leidenschaft ihre Träume verwirklicht.

Henry Ford: Vom Schulabbrecher zum Pionier der Industriegeschichte

»Begeisterungsfähigkeit trägt deine Hoffnungen empor zu den Sternen. Sie ist das Funkeln in deinen Augen, die Beschwingtheit deines Ganges, der Druck deiner Hand und der Wille und die Entschlossenheit, deine Wünsche in die Tat umzusetzen.« Das sagte Henry Ford, geboren 1863 im US-amerikanischen Bundesstaat Michigan und zweifellos einer der erfolgreichsten Industriellen aller Zeiten. Ford ist der Gründer des Automobilherstellers Ford Motor Company und fast ebenso bekannt als derjenige, der die Fließbandfertigung bei der Herstellung von Autos perfektionierte, was die industrielle Produktion revolutionierte.

Fords Karriere klingt umso erstaunlicher, wenn man sich seine Anfänge vergegenwärtigt: Er ignorierte nicht nur den Wunsch seiner Eltern, die ihren Sohn als Farmer sehen wollten, sondern brach mit 16 sogar die Schule ab und ließ sich in der Michigan Car Company in Detroit zum Mechaniker ausbilden. Schon als noch jüngerer Bub soll er Uhren repariert haben; nun fing er an, in seiner Freizeit an seinem ersten Fahrzeug zu tüfteln. Das Quadricycle, dessen erste Probefahrt 1896 stattfand, wurde per Ruderstock gelenkt. Fünf Jahre später gelang Ford der Durchbruch mit dem Modell T (»Tin Lizzy«), was seine Firma zum weltweit größten Autobauer machte.[42]

Eine solche Karriere wie die von Henry Ford war eindeutig nur mit Begeisterung für die eigenen Ideen möglich. Zwiespältig fällt allerdings das Urteil über Fords Behandlung seiner Mitarbeiterinnen und Mitarbeiter aus. Zum einen soll es ihm wichtig gewesen sein, dass seine Arbeiter sich das Produkt, das sie herstellten, auch selbst kaufen konnten. So betrug der Mindestlohn in seinem Unternehmen Anfang 1914 pro Tag 5 US-Dollar, und das T-Modell kostete zur selben Zeit 490 US-Dollar. In Deutschland war es den meisten einfachen Arbeitern oder Angestellten dagegen erst in den 1960er-Jahren möglich, sich ein Auto anzuschaffen. Es erscheint daher zumindest denkbar, dass im Unternehmen Ford die Aussicht auf ein eigenes Automobil Enthusiasmus entzündete - zumal ein solches Gefährt damals wirklich etwas ganz Besonderes war.

Zur Motivation wird auch beigetragen haben, dass man bei Ford vom ungelernten Arbeiter bis in die Führungsebene aufsteigen konnte. Zudem schuf der Firmengründer Arbeitsplätze für ganz unterschiedliche Qualifikationen, um sehr vielen Menschen die Chance zu geben, von der Arbeit in seiner Firma leben zu können. Ja, diese Form der sozialen Verantwortung ging so weit, dass Ford gezielt behinderte Menschen einstellte. Um 1920 lag deren Anzahl in seinen Werken bei rund 10.000.

Von Selbstständigkeit, eigenen Entscheidungen etc. allerdings hielt der Pionier der industriellen Fertigung nichts. Er bezahlte seine Leute überdurchschnittlich, verlangte aber dafür Unterordnung und Anpassung an die besonderen Bedingungen seiner rationalisierten Fertigung. So wird er mit folgender Aussage zitiert: »Wir erwarten von den Leuten, dass sie tun, was ihnen gesagt wird. Unsere Organisation ist so bis ins Einzelne durchgeführt und die verschiedenen Abteilungen greifen so ineinander ein, dass es völlig ausgeschlossen ist, den Leuten auch nur vorübergehend ihren eigenen Willen zu lassen.«[43] Gedanken, die heute - Gott sei Dank - längst überholt sind.

Steve Jobs: Leuchtende Augen als Einstellungskriterium

Wesentlich moderner war der Umgang von Steve Jobs mit seinen Mitarbeiterinnen und Mitarbeitern. Wohl niemand wird dem im Jahr 2011 verstorbenen Apple-Gründer seine eigene Begeisterung absprechen.

Er hatte beharrlich seine Idee verfolgt, obwohl lange nicht absehbar gewesen war, ob sie jemals profitabel sein würde. Jobs selbst erläuterte seinen Enthusiasmus einmal so: »Wenn man nicht mit sehr viel Leidenschaft herangeht, wird man nicht überleben. Man wird aufgeben. Man muss also eine Idee, ein Problem oder einen zu korrigierenden Missstand mit Leidenschaft verfolgen, sonst wird man nie die Beharrlichkeit aufbringen, bis zum Ende durchzuhalten.«[44]

Dieselbe Begeisterung, die in ihm selbst brannte, suchte Jobs auch bei allen, die sich um einen Job bei Apple bewarben. So hatte er sich einst für eine Mitarbeiterin entschieden, die keinerlei Managementerfahrung vorweisen konnte, dafür aber einen Abschluss in englischer Literatur, was sie nicht gerade für eine herausgehobene Position in einem Technologieunternehmen zu qualifizieren schien. Dennoch wurde Debi Coleman mit nur 32 Jahren Fertigungschefin und mit 35 Jahren gar Finanzvorstand bei Apple. Gefragt, was Coleman von professionellen und erfahrenen Managern unterschieden habe, antwortete Jobs mit einem Wort, in dem so vieles liegt: Leidenschaft. Und er erläuterte: »Wir wollen Leute, die großartig in ihrem Job sind. Dafür müssen sie nicht zwangsläufig bewährte Profis sein. Sie sollten stattdessen eine echte Leidenschaft für Technologie und alles, was man damit machen kann, haben.«[45]

Um dieser Leidenschaft auf die Spur zu kommen, präsentierte Jobs zu seiner Zeit den Bewerbern im Vorstellungsgespräch den Macintosh-Prototypen – und beobachtete ihre Reaktionen. Haben die Augen der Aspiranten zu leuchten begonnen, bekamen sie den Zuschlag. Solche Mitarbeiter, so glaubte der charismatische Jobs, bräuchten kein Management durch eine Führungskraft. Grund:

Sobald Menschen ihrem Job mit Leidenschaft nachgehen, managen sie sich von selbst.

Laut Jobs bleibt dann dem Manager »nur« noch die Aufgabe, sicherzustellen, dass sein Team eine gemeinsame Vision hat und jeder weiß, auf welches Ziel die Firma hinarbeitet.[46]

Begeisterung als Lauffeuer

Begeisterung als Bedingung für einen Vertrag: Steve Jobs bekam mit dieser Einstellung ohne Zweifel viele Mitarbeiter, die Apple mit zu dem gemacht haben, was es heute ist. Ebenso zweifellos wird seine eigene Begeisterung sowohl auf die Bewerber als auch auf die bereits Angestellten abgefärbt haben. Nein, nicht nur abgefärbt! Ein viel zu schwacher Ausdruck für das, was eigene Begeisterung in anderen auslösen kann. Vielleicht hat Ihre Tochter oder Ihr Sohn das schon einmal bei Ihnen ausprobiert. Manche Kinder sind dazu in der Lage, fast jeden ihrer Wünsche durchzusetzen. Alles, was sie dafür tun, ist … ja, genau, sie erzählen mit leuchtenden Augen etwa vom neuen Smartphone oder tollen Netbook.

Okay, denken Sie vielleicht, wer könnte schon den eigenen Sprösslingen widerstehen? In einem Unternehmen sieht es aber doch wohl anders aus. Tut es das tatsächlich? Nein, es ist prinzipiell dasselbe. Wenn Sie einen Chef haben, der seine Begeisterung mit jedem Wort, mit seiner Mimik und Gestik transportiert, wird Sie das nicht unbeeindruckt lassen. Um noch einmal den Vergleich mit dem Feuer zu benutzen: Denken Sie an ein Buschfeuer, das sich zu einem Flächenbrand ausweitet. Am Anfang war da vielleicht nur ein brennender Busch, am Ende stehen viele Quadratkilometer in Flammen. Genauso springt Begeisterung über: von der Führungskraft zum Mitarbeiter, mit dem sie gerade spricht. Von diesem zu seinen Kollegen, die direkt mit ihm zu tun haben. Und im Idealfall erfasst der Spirit das ganze Unternehmen.

Verbreitung wie ein Virus

Das klingt, als sei von einer hochansteckenden Infektionskrankheit die Rede. Tatsächlich hat Begeisterung viel von einem Virus. Man kann sich kaum vor ihm schützen, und das ist gut so, denn: Große, ambitionierte Projekte brauchen den Enthusiasmus vieler Menschen. Während früher oft ein Einzelner eine Menge bewegen konnte und so mancher im Alleingang völlig neue Produkte entwickelte, ist unsere Welt dafür längst viel zu komplex. Jeder braucht heute den Input kompetenter Mitstreiter. Niemand ist mehr dazu in der Lage, von der Konzeption bis zur Vermarktung alles zu überblicken und umzusetzen - und dabei so brillant zu sein, wie es nötig ist, um Erfolg zu haben. Folge: Wer mehr als Mittelmaß erreichen will, der muss mit seiner Begeisterung quasi auf Menschenfang gehen.

Bei diesem Menschenfang passiert in der Regel noch viel mehr als »nur« eine Verbreitung des »Virus« Begeisterung. Anders als eine Krankheit verstärkt sich die Leidenschaft mehr und mehr, wenn sie von mehr und mehr Menschen geteilt wird. Zumindest gilt das bis zu einer gewissen Größe der Gruppe. Ein Team in einem Unternehmen wächst zusammen und feuert sich gegenseitig an, sobald erst einmal die Begeisterung in jedem Einzelnen entzündet wurde. Man springt dann eher für den anderen ein, stellt sein Können voll in den Dienst an der gemeinsamen Sache. Ohne Enthusiasmus sind die Ziele des Unternehmens nur im Kopf vorhanden - so aber auch im Herzen.

Schub auch in Richtung der eigenen Ziele

Die Ziele des Unternehmens - und wo bleiben die eigenen Ziele? Nun, betrachten Sie sich selbst und Ihre beruflichen Ziele. Sie kommen diesen nur dann näher, wenn es Ihrem Unternehmen gut geht. Geht es ihm schlecht, werden Sie kaum innovative Projekte durchsetzen oder Ihr Gehalt erhöhen oder aus einer gesicherten Position heraus Ihre Karriere verfolgen können. Auch wenn Sie Ihre Zukunft woanders sehen - vielleicht in einem Tochterunternehmen im Ausland -, liegt es in Ihrem eigenen Interesse, für Schwung in Ihrem aktuellen Team zu sorgen. Erfolg schafft eine Atmosphäre, in der Vorschläge für Veränderungen auf fruchtbaren Boden fallen. Schließlich ist Neues immer mit einem Risiko verbunden. Das aber nimmt man leichter in Kauf in Situationen, in denen es rund läuft und daher die Zuversicht groß ist.

Sogar im Privaten profitieren Sie von Begeisterung am Arbeitsplatz. Zum einen werden Sie den Spaß bei der Arbeit am Abend nach Hause tragen, was sich positiv auf Ihr Familienleben, Ihre Partnerschaft,

Ihre Aktivitäten in der Freizeit auswirkt. Ja sogar der Elan, mit dem Sie abends auf die Laufstrecke oder zum Schwimmen gehen, steigt in andere Dimensionen. Begeisterung ist also nicht nur ein Virus, das von Mensch zu Mensch springt. Es infiltriert auch alle Lebensbereiche, verändert damit jeden Tag zum Guten, lässt auch bei Nebel die Sonne scheinen. – Sie finden das ein wenig übertrieben? Nein, das ist es durchaus nicht. Der russische Schriftsteller Leo N. Tolstoi hatte Recht, als er sagte: »Das Glück besteht nicht darin, dass du tun kannst, was du willst, sondern darin, dass du immer willst, was du tust.«

Im Flow explodiert die Leistungskraft

Immer zu wollen, was man tut, immer begeistert zu sein – kann das funktionieren? Viele antworten darauf ungefähr so: »Na ja, ab und zu finde ich etwas ganz gut. Aber andauernd ist das unmöglich.« Wer das ähnlich sieht, der sollte sich an den Rand eines Spielplatzes setzen und die Kinder beobachten. Sie lachen, tollen herum, gestalten, sind ständig in Bewegung. Oder sie »arbeiten« konzentriert im Sandkasten. Kinder schaffen es, hundertprozentig im Hier und Jetzt zu leben, ganz in ihrem Tun aufzugehen. Sie besitzen eine nahezu unerschöpfliche Neugierde und eine enorme Konzentrationsfähigkeit. Letzteres allerdings nur dann, wenn man sie erstens nicht ablenkt und wenn sie sich zweitens mit Dingen beschäftigen, die sie fordern und begeistern.

Die gute Nachricht: Auch Erwachsene können so aktiv und fokussiert sein wie Kinder auf dem Spielplatz oder am Meeresstrand. Als Flow bezeichnen wir das. Wörtlich übersetzt bedeutet der englische Begriff Fließen, Rinnen oder Strömen. Im übertragenen Sinn ist das Gefühl völliger Vertiefung in eine Tätigkeit gemeint, die einen absorbiert und beglückt. Im Deutschen würde man das Schaffensrausch nennen. Vom Flow sprach erstmals der ungarische Psychologe Mihály Csíkszentmihályi. Der beobachtete unter anderem Chirurgen und Extremsportler und verdichtete seine Erkenntnisse zu einer Theorie, die letztlich für jeden Beruf oder auch jede andere Tätigkeit anwendbar ist.

Nach Csíkszentmihályi gerät ein Mensch dann in einen Flow, wenn die an ihn gestellten Anforderungen perfekt zu seinem Können und seinen Zielen passen. Der passionierte Maler, der nach den ersten Pinselstrichen wie im Tunnel ist, nur noch das Bild vor seinem inneren Auge auf die Leinwand überträgt und dabei jegliches Zeitgefühl verliert! Der Marathonläufer, der nach einigen Kilometern mit Glückshormonen geflutet wird. Der Vermögensberater, der sich völlig in seinen Kunden hineinversetzt und so eine auf dessen Wünsche maßgeschneiderte Anlagestrategie entwickelt. Sie alle spüren: Das, was ich kann, ist auch das, was ich will und liebe.

Mit eigener Begeisterung beflügeln

Führungskräfte sollten bei ihrer Kerntätigkeit, eben dem Führen, ebenso empfinden. Dann geraten sie nicht im stillen Kämmerlein in einen Flow, sondern im Kontakt mit ihren Mitarbeitern, beispielsweise in der Teamsitzung. So kann sich die eigene Begeisterung ausbreiten, ja einen wahren Sturm entfachen. Einen positiven Sturm, der beflügelt statt zu zerstören.

Nehmen wir einmal an, Sie haben solche begeisterten Führungskräfte, die Sie zudem wertschätzen, Ihnen Entscheidungsfreiheit lassen und dafür sorgen, dass Sie Ihr Potenzial ausschöpfen können. Im Unternehmen werden Werte gelebt, mit denen Sie sich voll identifizieren, man

ist innovativ und hat ein Employer Branding, das die Wettbewerber verzweifelt zu erreichen versuchen. An Motivation sollte es also nicht mangeln!

Doch sind Sie damit bereits persönlich automatisch erfolgreich? Nein, vielmehr ist Motivation lediglich eine hinreichende Bedingung für Erfolg. Was alles noch dazugehört, das ist der Inhalt des nächsten und abschließenden Kapitels. Dabei schauen wir uns zunächst an, was eigentlich Erfolg ist. Kann man ihn überhaupt allgemeingültig definieren? Ist er nicht für jeden Einzelnen etwas völlig anderes? Und gelten in Zeiten der Veränderung andere Regeln als früher? Ändert sich vielleicht heute auch unsere Sicht auf Erfolg permanent?

IN KÜRZE

- **Wer tut, was er kann und liebt, gerät in einen Schaffensrausch, auch Flow genannt.**
- **Begeisterung verbreitet sich wie ein Virus und wird dabei immer stärker.**
- **Die Komplexität unserer Welt erfordert Teams, deren Mitglieder sich gegenseitig zu Höchstleistungen animieren.**
- **Der eigene Enthusiasmus ist das wirksamste Mittel, um Menschen zu ebenso enthusiastischen Mitstreitern zu machen.**
- **Begeisterung am Arbeitsplatz beeinflusst auch das Privatleben - vom Hobby bis zur Partnerschaft - positiv.**

»Wer Menschen führen und begeistern kann, der bekommt engagierte Mitreißer statt passiver Zaungäste.«

WAS WIRKLICH ZUM ERFOLG FÜHRT

KAPITEL 5

Wenn ein Physiker den Nobelpreis bekommt, wird sich niemand die Frage stellen, ob dieser Wissenschaftler erfolgreich ist. Dasselbe trifft auf den Nationaltrainer zu, der mit seinem Team eine Weltmeisterschaft gewinnt. In vielen Berufen gibt es eindeutige Insignien für Erfolg: Preise, Titel oder auch Positionen wie die des Vorstandsvorsitzenden eines DAX-Konzerns. Wann aber sind Menschen erfolgreich, wenn sie Berufe mit weniger leicht messbaren Nachweisen haben? Und – wohl noch schwieriger zu beantworten – an was erkennt der Außenstehende, an was erkennt man selbst, wie es um den Erfolg im privaten Bereich steht?

Was fällt Ihnen spontan dazu ein? Vielleicht denken Sie an den Nachbarn, der einen teuren Sportwagen fährt, oder den Freund mit dem Traumhaus. Vielleicht eher an das befreundete Ehepaar, das schon zweimal dem Alltag für ein paar Monate ade gesagt hat. Beim ersten Mal sind die beiden per Rad quer durch Europa, beim zweiten Mal mit einem Wohnmobil durch Südeuropa gefahren. Vielleicht aber fällt Ihnen eher die ehemalige Schulfreundin Tanja ein, die Sie beim Treffen zur Feier von 30 Jahren Abitur so überraschte. Aus dem einst so schüchternen Mauerblümchen ist eine unglaublich selbstbewusste Frau geworden. Sie waren so beeindruckt, dass Sie gar nicht danach fragten, was Tanja beruflich macht. Es schien irgendwie klar: Tanja hat es geschafft.

Vielleicht kennen Sie keine Tanja und auch kein Ehepaar, das ab und zu für längere Zeit durch die Welt gondelt. Der Nachbar fährt eventuell Rad statt Auto, und der Freund hat »nur« eine Eigentumswohnung. Die Beispiele sollen lediglich illustrieren, welch verschiedene Menschen man beim Wort Erfolg assoziieren kann. Was also kann Erfolg alles sein? Würden wir eine Umfrage auf der Straße, in Ihrem Unternehmen, in Ihrem Freundeskreis machen, wären sicher einige originelle Antworten zu notieren. Sehr oft aber würden folgende Dinge genannt:

- Karriere machen
- viel Geld verdienen
- sich materiell alles leisten können
- Zeit für die angenehmen Dinge des Lebens haben
- anerkannt und wertgeschätzt sein
- eine liebevolle Partnerschaft
- ein Kreis zuverlässiger Freunde

Erfolg und Glück und Zufriedenheit

Schaut man sich diese Punkte näher an, fällt auf: Erfolg liegt ziemlich nahe bei dem, was wir gemeinhin unter Glück und Zufriedenheit verstehen. Die meisten Menschen schauen heute weniger darauf, von anderen für erfolgreich gehalten zu werden. Sie möchten sich vielmehr selbst als erfolgreich empfinden. Dass dies so ist, hängt mit einer viel größeren Freiheit zusammen, die wir heute im Vergleich zu früher genießen. Vor 200 Jahren wurde der Sohn eines Schmieds Schmied, der

Sohn eines Bäckers Bäcker. Betriebe blieben in Familienhand, ein Ausbrechen aus der Tradition war fast undenkbar. Es gab Sicherheit, dass alles so vorhersagbar war, doch es engte auch ungeheuer ein - zumindest sehen wir das aus unserer heutigen Perspektive so.

Im 21. Jahrhundert scheint überhaupt nichts mehr vorherbestimmt. Die Tochter eines Rechtsanwalts mit einer gut gehenden Kanzlei möchte vielleicht Modedesignerin werden - und setzt diesen Wunsch auch in die Tat um. Der Inhaber von drei Friseurgeschäften beschließt jenseits der 50, seine Leidenschaft fürs Basteln an Oldtimern zum Hauptberuf zu machen. Welche Branche Sie auch betrachten: Quereinsteiger sind nichts Besonderes mehr, und jeder hat die Möglichkeit, eine zweite oder dritte Karriere zu starten. Erfolg ist demnach in unseren Tagen viel komplexer zu beurteilen als zu Zeiten stromlinienförmiger Entwicklungen und früher Festlegungen. Ein zentraler Punkt: Inwieweit hat jemand seine Ziele erreicht beziehungsweise wie weit ist er auf dem Weg dorthin gekommen - und kennt er seine Ziele überhaupt?

KLARE ZIELE SETZEN

Die Internetenzyklopädie Wikipedia definiert Erfolg als das Erreichen eines Ziels. Welcher Art dieses Ziel ist, verrät das digitale Nachschlagewerk selbstverständlich nicht, denn das muss jeder für sich selbst herausfinden.

So individuell wie das, was Sie möchten, ist demnach auch das, was konkret zum Erfolg führt.

Sich das klarzumachen, ist von großer Bedeutung. Es führt ad absurdum, was viele Menschen tun: ihren Erfolg ausschließlich durch Vergleich mit anderen bestimmen zu wollen. Habe ich ein größeres oder ein kleineres Auto, verdiene ich mehr oder weniger, fahre ich öfter und weiter weg in den Urlaub oder nicht? Die Antworten darauf sagen so gut wie nichts aus, denn für den einen ist ein großes Auto ein Ziel, für den anderen ein Alptraum. Der eine lebt für Fernreisen, die andere will überhaupt nicht fliegen. Und auch die Höhe des Gehalts hat für jeden eine andere Wertigkeit.

Nichts ist daher für den persönlichen privaten und beruflichen Erfolg so wichtig wie Zielklarheit. Ohne diese läuft alles, was Sie tun, ins Leere. Es ist, als würden Sie zu einem Marathonlauf antreten, aber die Strecke nicht kennen. Sie rennen in irgendeine Richtung, drehen vielleicht nach ein paar Kilometern um oder biegen rechts ab. Möglicherweise schaffen Sie es, gut 42 Kilometer zurückzulegen – sofern Sie einen Kilometerzähler dabeihaben und so nach der richtigen Streckenlänge aufhören können. Aufs Siegerpodest werden Sie allerdings nicht steigen und auch von niemandem bejubelt werden. Noch wahrscheinlicher ist es, dass Sie unterwegs aufgeben, weil Sie aus der Puste kommen, wenn kein Ziel in Sichtweite ist. Die Kondition mag da sein, die Motivation wird schwinden!

Sich selbst erforschen

Natürlich müssen Sie als Marathonläufer nicht nur wissen, wo das Ziel ist. Sie müssen auch das Ziel haben, die Distanz zu bewältigen. Und um dieses Ziel im übertragenen Sinne geht es in allen anderen Bereichen. Sie kommen demnach nicht umhin, sich um das große Ganze Gedanken zu machen. Was möchten Sie mit der Ihnen gegebenen Zeit anfangen? Welche Werte sind Ihnen wichtig? Was macht für Sie das Leben lohnenswert? Worauf möchten Sie einmal gerne zurückblicken? Was zieht Sie an, wovon haben Sie schon immer geträumt? Diese Fragen sind nicht per Multiple Choice abzuhandeln, denn es gibt darauf unendlich viele mögliche Antworten. Sagen oder schreiben Sie nicht rasch irgendetwas, sondern gehen Sie in sich und beschäftigen Sie sich eine Weile ausführlich und ausschließlich sowie ungestört mit sich selbst.

Warum das so wichtig ist, zeigt Ihnen der Blick auf die vielen Menschen, die mehr oder weniger orientierungslos durch ihre Tage geistern. Sie kennen keine solchen Menschen? Nun, das ist eher unwahrscheinlich. Vergessen Sie nicht, wie oft eine Maske der Zufriedenheit aufgesetzt wird – etwa in all den »strahlenden« Posts bei Facebook und Fotos bei Instagram. Lüften Sie diese Maske, entdecken Sie oft etwas ganz anderes als das, was der Träger der Allgemeinheit präsentiert. Frust über eine nicht erfüllende, langweilige, wenig fordernde oder auch überfordernde Arbeit. Faule Kompromisse im Privatleben, immer wieder aufgeschobene oder schon längt aufgegebene Pläne. Vor allem aber werden Sie merken, wie selten jemand auf die Frage nach seinen wesentlichen Zielen sofort und klar antworten kann! Können Sie es?

TIPP

Hier finden Sie weitere Tipps dafür, wie Sie Ihre Ziele richtig und wirkungsvoll formulieren:

www.buch-loehr.de/pdf

Zielfoto im Kopf

Die eigenen Ziele nennen? Möglicherweise haben Sie sofort ein »Ja, natürlich« auf den Lippen. Doch schauen Sie genauer hin. Möglicherweise lauten Ihre Ziele ungefähr so: eine gute Position in meinem Unternehmen, ein glückliches Privatleben, Herumkommen in der Welt, fit und gesund bleiben, sich persönlich weiterentwickeln. Was bei all diesen Vorstellungen fehlt? Dass sie nicht wirklich konkret vorstellbar sind! Ein Sportler, der Weltmeister werden will, kann sich buchstäblich vor Augen führen, wie das sein wird. Er sieht sich mit der Medaille um den Hals, er hört den Jubel der Fans – etwa im Stadion oder auf der Fanmeile. All das ist sehr klar und deshalb ungeheuer motivierend.

Wie aber sehen eine gute Position, Glück im Privaten, persönliche Weiterentwicklung konkret aus? Konkret zu sein, heißt das Geheimnis beim Formulieren von Zielen. Nur Konkretes ist vorstellbar, nur Konkretes kann man mit ebenso konkreten Taten anstreben. Gefragt ist auch eine konkrete Vision im Sinne eines Zielfotos. Vision kommt vom lateinischen »videre«, was sehen bedeutet. Sie ist etwas, das vor dem inneren Auge leuchtet und Ihr Ziel als Bild darstellt. Quasi das Analogon zu dem bei vielen sportlichen Wettbewerben tatsächlich gemachten Zielfoto.

Der Vorteil: Mit Zielfotos nutzen Sie die Macht der Bilder. Sie treiben an, bringen ins Handeln, schenken Energie, entzünden die Fantasie. All das tun sie natürlich nur dann, wenn die Visionen keine intellektuelle Spielerei sind. Es hilft absolut nichts, sich Dinge, womöglich mit allen Details, auszumalen, die letztlich nichts mit den wahren eigenen Wünschen zu tun haben. Deshalb ist es so entscheidend, dass Sie auf der Suche nach Ihren Zielen mit einer ehrlichen Selbstanalyse beginnen.

Zwischenziele definieren und feiern

Ebenfalls sehr wichtig: Schalten Sie Ihren Zielen einige Zwischenziele vor, die Sie auf der Strecke automatisch »passieren« müssen. Gelangen Sie an einen dieser Punkte, dann halten Sie einen Moment inne – und feiern Sie! Solche Stopps helfen dabei, die Motivation hochzuhalten, indem man sich schon zwischendurch belohnt. Unabdingbar ist zudem die zeitliche Fixierung. Bis wann wollen Sie was erreicht haben, bis wann wo sein? Dies im Ungefähren zu lassen, bringt Sie nicht weiter. Die Gefahr, wichtige Aktionen ständig aufzuschieben, wäre zu groß.

Legen Sie dagegen möglichst präzise fest, zu welchem Zeitpunkt Sie an welchem Zwischenziel und wann Sie vollends am Ziel stehen, setzt Sie das unter Umsetzungsdruck. Klingt negativ, doch tatsächlich bündelt der Druck Energien, erleichtert die Konzentration und sorgt dafür, dass Sie beschleunigen, was beschleunigt werden sollte. Sie sagen nicht mehr »irgendwann« oder »vielleicht in ein paar Wochen«, sondern »das kommt am Donnerstag an die Reihe« oder »das steht fürs erste Wochenende im Februar auf dem Plan«.

»Ich werde« statt »ich möchte«

Aufmerksamkeit verdient auch die Wortwahl im Zusammenhang mit den eigenen Zielen. »Ach, ich hätte schon ganz gerne die Teamleitung für das neue Projekt« oder »Spanisch zu können wäre schon schön und würde mir auch beruflich was bringen« sind Sätze, die vor allem eines anzeigen: mangelnden Willen! Sobald Sie mit Konjunktiven arbeiten, sind Sie sich selbst zumindest unsicher, ob Sie das formulierte Ziel erreichen können. Ja, vielleicht wissen Sie nicht einmal genau, ob Sie es erreichen wollen. In diesem Fall gilt so etwas wie »Zurück auf Los« beim Monopoly, was heißen soll: erneut nachdenken über die wahren eigenen Wünsche und über das, was einen begeistert.

Seine Hausaufgaben gemacht hat, wer selbstbewusst und ohne jede Einschränkung von seinen Zielen spricht: »Ich werde die Teamleitung für das neue Projekt übernehmen« oder »Ich lerne ab nächstem Monat Spanisch und werde damit spätestens in sechs Monaten viel besser mit den Kollegen in unserer Tochterfirma in Barcelona kommunizieren können«. Das klingt völlig anders als nebulöse Äußerungen mit »möchte«, »würde«, »hätte gerne«. Sobald Sie eindeutig Ihren Willen kundtun – ob gegenüber anderen oder im »Gespräch« mit sich selbst –, schließen Sie praktisch einen Vertrag – wiederum sowohl mit anderen als auch mit sich selbst.

Einen Vertrag mit sich selbst schließen

Ein solcher Vertrag und klare Ziele sind heute wichtiger denn je. Gerade weil die Zahl der Möglichkeiten steigt und sich alles immer rasanter verändert, müssen Sie schärfer auswählen. Die Gefahr, sich zu verzetteln und am Ende nirgendwo anzukommen, ist groß. Sie brauchen daher konkrete Visionen, Sie brauchen Entscheidungen. Sich einfach treiben zu lassen, das ist heute weniger eine Option denn je. Der römische Philosoph Seneca wusste: »Wer den Hafen nicht kennt, für den ist kein Wind der richtige.« Haben Sie definiert, in welchen Hafen Sie einlaufen wollen, dann gilt es, die Sehnsucht nach diesem Hafen zu befeuern. Ohne brennende Sehnsucht nämlich werden Sie gar nicht erst losfahren!

IN KÜRZE

- **Legen Sie eine Liste Ihrer Wünsche und Träume an. Was wollen Sie in Ihrem Leben unbedingt erreichen?**
- **Formulieren Sie dann Ihre Ziele und seien Sie dabei so konkret wie möglich. Definieren Sie also exakt, statt im Ungefähren zu verbleiben.**
- **Legen Sie Zwischenziele fest sowie möglichst genaue Zeitpunkte für diese und für die übergeordneten Ziele.**
- **Bleiben Sie realistisch, doch seien Sie nicht allzu bescheiden.**
- **Visualisieren Sie Ihre Ziele farbig und mit vielen Details – und wiederholen Sie diese Übung regelmäßig.**

TIPP

Sie wollen absolute Klarheit über Ihre Ziele und Werte, Ihr Potenzial voll ausschöpfen, sich entsprechend motivieren, wirkungsvolle persönliche Strategien entwickeln sowie die entscheidenden ersten Schritte definieren? Und Sie haben dafür nur ein Wochenende Zeit? Dann nehmen Sie am Persönlichkeitsseminar »Tage der Entscheidung« teil! Sie werden danach allenfalls bereuen, dass Sie das nicht schon früher erlebt haben!
Näheres unter:
www.joerg-loehr.com/seminare

SEHNSUCHT IN SICH WECKEN

Sehnsucht? Was das in einem Buch über Erfolg zu suchen hat? Und überhaupt, Sie sind nun wirklich kein Träumer? Nun, die Rede ist hier nicht von romantischen Träumereien. Die Rede ist von zwar ehrgeizigen, doch keineswegs irrealen Zielen. Haben Sie diese sowohl mit Ihrem Kopf als auch mit Ihrem Herzen gefunden, ist der Weg zu Sehnsucht und Begeisterung kurz. Was passiert, wenn Führungskräfte ihre Mitarbeiter mit ihrer Begeisterung anstecken und mitreißen, davon war bereits am Ende des vierten Kapitels die Rede. Für Ihre sozusagen selbst geschöpfte Begeisterung gilt analog: Tun Sie, was Sie können und lieben, geraten Sie in einen Flow und gewinnen Sie ebenso enthusiastische Mitstreiter.

Wenden wir uns an dieser Stelle noch einmal der Hirnforschung zu. Nur im Zustand des Begeistertseins komme es im Mittelhirn zur Aktivierung des Belohnungszentrums, nur so stelle sich die Bereitschaft zu Höchstleistungen ein, sagt der Neurobiologe Gerald Hüther. Die durch Emotionen ausgeschütteten Botenstoffe des Dopamin- und Opiatsystems würden wie Dünger auf die Nervenzellen wirken, sodass sich neue Nervenverbindungen bilden. Laut Hüther sind so entstandene Netzwerke der Großhirnrinde stabiler als andere, und sie streben nach Wiederholung und Erweiterung. Freudlos verbrachte Tätigkeit verblasse dagegen in der Erinnerung.[47] Logisch also, dass Begeisterung stark motiviert und das nachhaltig, denn die bestehenden Netzwerke bleiben ja dauerhaft erhalten.

Dauerhaft begeistert lernen

Euphorie, Passion, Besessenheit - Begriffe, die alle dasselbe Resultat haben. Treffen sie auf Ihr Leben zu, sind Sie im Besitz von Brennstoff für zielgerichtetes Handeln. Toll wäre es, wenn man Kindern und Jugendlichen ihre anfänglich fast immer vorhandene Begeisterung fürs Lernen erhalten, ja diese sogar fördern könnte. Das dachte sich Hertha Beuschel-Menze, die Erfinderin der Lernbox. Als Schülerin bot man ihr zu wenig »Futter«, und so beschloss sie, selbst Lehrerin zu werden und ihren Schülern eine neue Welt des Lernens zu eröffnen. Eine Welt, in welcher der Erwerb neuen Wissens dauerhaft Spaß macht. Und die schuf Beuschel-Menze. Die Grundidee ihrer innovativen Methoden ist Anpassung an die jeweiligen Interessen, das Lerntempo, die Tageslaune und die Fähigkeiten der einzelnen Schüler. Ihr Plan war es, die Lerninhalte wie einen Maßanzug an die Bedürfnisse der Schüler anzupassen, um so ihrem Ziel vom begeisterten Lernen näherzukommen.

Beuschel-Menze schaffte es. Statt nur Frontalunterricht zu geben, gab es in ihren Klassen Pläne, welche die Lerninhalte für jeweils eine Woche enthielten. Nichts Besonderes, denn Lehrpläne sind doch normal? Ja, das stimmt, aber die Schüler der kreativen und passionierten Lehrerin in Baden-Württemberg konnten selbst entscheiden, in welcher Reihenfolge sie was lernen wollten. Unterstützt wurden sie von einer anregenden Gestaltung des Klassenzimmers: Bücherregale, ein Experimentiertisch, eine Möglichkeit zum Üben von Diktaten in Eigenregie.

Die Pädagogin wurde quasi zur Moderatorin – was an die moderne Rolle von Führungskräften in Unternehmen erinnert – und hatte Zeit, sich intensiv mit einzelnen Kindern zu befassen. Sicher glaubten viele, der Versuch würde scheitern, denn so viel Eigenverantwortung könnten junge Menschen nicht schultern. Tatsächlich gelang den langsamsten Schülern das Notwendige, und die schnelleren hatten jede Menge zusätzliche Anregungen.[48] 2012 erhielt Beuschel-Menze den Verdienstorden des Landes Baden-Württemberg. Mit ihren Lernboxen, Arbeitsheften, Kopiervorlagen und Büchern hat sie eine Gesamtauflage von weit über 10 Millionen Exemplaren erreicht.[49]

Vom Segeln zu kreativen Taschen

Menschen wie Beuschel-Menze widmen ihr Leben oder jedenfalls einen großen Teil davon ihrer Mission. Der Lehrerin in diesem Sinne im Geiste verwandt ist Jan-Marc Stührmann. Nach seinem Lehramtsstudium gründete der Bremer gemeinsam mit einem Gestalter und einem Programmierer, die er aus seiner Schulzeit kannte, eine Agentur. Ein Auftrag für eine Seglerzeitschrift führte Stührmann zu einer Idee, die der passionierte Hobbysegler fortan mit voller Begeisterung umsetzte: schicke Taschen aus Segeln und Gurten herzustellen. Einige kreative

Ideen später waren die Produkte von Stührmanns Unternehmen Canvasco in vielen Lifestylemedien zu sehen. Das Sortiment wurde verbreitert, personalisierte Segeltuchtaschen für renommierte Kunden entstanden.[50]

Ob Förderung von Kindern oder Taschen aus Segeltuch: In beiden Fällen waren Ziele und eigene Werte im Einklang. Und in beiden Fällen passten die individuellen Stärken zu den Zielen, was zu ausdauerndem Engagement führte. Was jemanden begeistert, ist daher so verschieden, wie es die Menschen sind. Entscheidend ist, dass Sie für sich persönlich die Quelle von Begeisterung kennen und diese sprudeln lassen. Damit schaffen Sie die Voraussetzungen für den nächsten Schritt, dessen Bedeutung kaum unterschätzt werden kann und dem wir uns nun zuwenden wollen: das Handeln!

IN KÜRZE

- **Wenn Sie Ihre Ziele bereits gefunden haben, machen Sie den Test in Sachen Begeisterung: Brennen Sie wirklich für das, was Sie erreichen wollen?**
- **Spiegeln Ihre Ziele Ihre Werte wider, dann entsteht praktisch automatisch Begeisterung.**
- **Passen Ihre Ziele zudem zu Ihren Stärken, so ist das der Nährboden für nachhaltigen Enthusiasmus.**

HANDELN STATT NUR WISSEN

Wir haben nun viel über Motivation, Ziele, Begeisterung gehört. All dies ist nötig, um erfolgreich zu sein - und doch ist all dies zu wenig. Wissen Sie genau, wo Sie hinmöchten, was Sie erreichen wollen, spüren Sie ein brennendes Verlangen danach, sind Sie hochmotiviert, dann haben Sie lediglich die Basis geschaffen. Auf dieser aufbauen können Sie nur, indem Sie etwas tun! »Handeln, handeln ist die Bestimmung des Menschen«, sagte der deutsche Philosoph Johann Gottlieb Fichte.

> Nur mit Handeln schöpfen Sie Ihre Potenziale aus, nur Agieren verwahrt Sie davor, immer wieder Chancen zu verpassen und letztlich auf der Stelle zu treten.

Schön und gut, doch erst einmal müssen doch Pläne gemacht werden, werfen Sie nun vielleicht ein. Man müsse alles vorbereiten, Alternativen gegeneinander abwägen, den richtigen Zeitpunkt abwarten. – Kennen Sie die 72-Stunden-Regel? Die besagt Folgendes: Alles, was Sie sich vornehmen, sollten Sie innerhalb von drei Tagen, nämlich 72 Stunden, anpacken. Mit dem »Anpacken« ist dabei lediglich der allererste Schritt gemeint. Sie brauchen nicht in nur 72 Stunden bereits irgendwelche Etappenziele erreicht haben. Wichtig ist lediglich der Schritt vom rein Theoretischen ins Praktische.

TIPP

Wenn Sie nach einer Entscheidung die ersten Schritte nicht innerhalb von 72 Stunden angehen, sinkt die Wahrscheinlichkeit dafür, dass Sie Ihr Ziel erreichen, auf unter 10 Prozent!

Vergleichen Sie Ihr Projekt nochmals mit einem Marathon. Sind Sie die ersten hundert Meter gelaufen, hat sich das Ziel faktisch kaum genähert. Und doch ist die Situation eine völlig andere als in dem Moment, als Sie noch über Ihre Teilnahme an dem Lauf nachdachten oder zu Hause mit Freunden über die Strecke sprachen. Sie sind gestartet und damit im Fluss. Unterwegs mag es, ja wird es ziemlich sicher Augenblicke der Erschöpfung geben. Sie entsprechen den Hindernissen, die auch bei nicht sportlichen Aufgaben zahlreich auf Sie warten. Sich damit über Gebühr zu beschäftigen, dafür haben Sie jetzt gar keine Zeit. Sie konzentrieren sich voll und ganz aufs Laufen im übertragenen Sinne. Das erfordert all Ihre Aufmerksamkeit, und Sie befassen sich erst dann mit Schwierigkeiten, wenn diese auftauchen.

Den ersten Schritt klein machen

Wie genau der erste Schritt aussieht, ist natürlich abhängig vom jeweiligen Projekt. Das Geheimnis beim Starten: Machen Sie diesen Step sehr einfach beziehungsweise betrachten Sie wirklich nur die allererste Bewegung in Richtung Ziel. Diese sollte ohne große Vorbereitungen sofort möglich sein. Keinesfalls darf sie nur im Kopf stattfinden nach dem Motto, diese Kleinigkeit sei ohnehin schon fast erledigt. Nein, das ist sie nicht! Sie müssen anfangen! Einzig die Realität, die tatsächliche Handlung zählen. Ein Schriftsteller, der bereits das Exposé für sein neues Buch geschrieben hat, ruft bei seinem Wunschverlag an. Gibt es bisher nur eine Idee für den Roman, könnte deren schriftliche Formulierung oder auch die Auflistung von fünf Arbeitstiteln der erste Schritt sein.

Oder schauen wir uns den Angestellten an, der seit vielen Jahren von der Selbstständigkeit träumt. Er hat nun endlich eine Geschäftsidee, für die er sich richtig begeistert und bei der er seine Stärken voll ausspielen könnte. Was fehlt? Der erste Schritt, das Handeln! Beispielsweise die erste Seite des Businessplans oder, sofern dieser bereits existiert, der Anruf bei der Beratungsstelle für Existenzgründer. Die innovative Produktidee des erfahrenen Entwicklers braucht Verkaufsargumente, mit denen sich der Chef und die Marketingabteilung überzeugen ließen. Der Gartenplaner aus Leidenschaft muss beginnen, seinen Traumgarten auf dem Papier zu konzipieren statt wie seit Jahren lediglich im Kopf.

AUFGABE

Stellen Sie sich ein für Sie wichtiges Ziel vor. Was ist der allererste Schritt dorthin, der Sie innerhalb von 72 Stunden ins Handeln bringt? Notieren Sie ihn schriftlich!

Die Bremsen lösen

Okay, auch Sie werden nun vermutlich überzeugt sein: Ohne raschen ersten Schritt rückt der Erfolg in weite Ferne. Warum aber fällt das Handeln dennoch vielen Menschen so schwer? Weil es zahlreiche ernst zu nehmende Bremsen gibt: Da ist zum Beispiel die Überflutung mit Informationen, Vorschlägen, Ideen, die immer weiter anschwillt. Nehmen Sie vieles nur zur Kenntnis, ohne sich verunsichern zu lassen. Da Sie ohnehin niemals alle Optionen - deren Zahl übrigens exponentiell wächst - genau analysieren und gegeneinander abwägen können, sollten Sie sich möglichst schnell für einen Weg entscheiden. Für den ersten oder zumindest den zweiten, der Ihnen gangbar erscheint, statt weiter nach vielleicht besseren zu suchen. Ein gutes Motto dafür ist: besser fehlerhaft begonnen als perfekt gezögert!

Nicht zu unterschätzen ist die Bremse der mangelnden Energie. Auch wenn Ihr Wille stark, Ihr Ziel klar, Ihre Begeisterung groß ist, können Sie sich körperlich oder geistig wie gelähmt fühlen. Um dies zu verhindern, müssen Sie Prioritäten setzen. Vergeuden Sie keine Kraft für Dinge, die entweder unwichtig sind oder alles andere als dringend oder die sich leicht delegieren lassen. Beachten Sie zudem, dass niemand unendlich belastbar ist. Planen Sie auch Phasen der Entspannung ein, um Ihre Akkus wieder aufzuladen.

Eine weitere mögliche Bremse ist das Umfeld. Wer sich hauptsächlich mit negativ denkenden oder auch »nur« risikoscheuen Menschen umgibt, dessen Elan erhält ständig Dämpfer. Er wird mit Kritik und Warnungen überschüttet, ihm wird von diesem und von jenem abgeraten. Dagegen hilft nur, die Bedenkenträger zu meiden und zu ignorieren. Noch besser ist es natürlich, gezielt den Kontakt zu grundsätzlich positiv Gestimmten zu suchen. In meinen Seminaren bekomme ich immer wieder gespiegelt, wie angenehm und beflügelnd es ist, mit optimistischen und am eigenen Wachstum interessierten Menschen zusammen zu sein – und sich mit ihnen zu vernetzen. Wir sind ja alle keine Inseln und stets von der Familie, aber auch von Freunden, Bekannten, Kollegen beeinflusst. Machen Sie das Beste daraus und unternehmen Sie viel mit Leuten, die Sie lachend begrüßen statt mit einem »Heute-geht-schon-wieder-alles-schief«-Ausdruck in den Augen.

Optimismus treibt zum Handeln

Apropos Lachen und positive Stimmungen: Dies sind sozusagen die »Insignien« des Optimisten. Wer optimistisch durch seine Tage und die Welt geht, der kann sich zumeist auch an scheinbaren Nichtigkeiten freuen. Während andere über den Nebel klagen, genießt er die besondere Atmosphäre. Er sieht die Blumen am Wegesrand, auch wenn es gerade wie aus Kübeln regnet. Optimisten sind fähig zu hoffen und ihre Ängste zurückzudrängen. Logischerweise verleiht das ein großes Durchhaltevermögen und eine stabile Psyche. Heiterkeit paart sich mit Zuversichtlichkeit, typisch ist ein klares JA zum Leben – mitsamt all seinen Herausforderungen. Das lateinische »optimus« ist der Superlativ von »gut«, dagegen »pessimus« die höchste Steigerung von »schlecht«.

Sie entscheiden! :(:

Anders als viele glauben, ist das Optimum nicht das denkbar beste Resultat, sondern das beste erreichbare.

Eine Vision statt einer Utopie!

Nicht von ungefähr orientieren sich Optimisten daher am Machbaren. Zusammen mit ihrer positiven Grundausrichtung und einem in der Regel großen Selbstbewusstsein ergibt das einen starken Handlungsauslöser. Es wird rasch agiert, statt sich aufs Abwarten zu beschränken. Passivität ist kaum eine Gefahr, was allein Grund genug wäre, sich für den Optimismus als Lebenshaltung zu entscheiden.

Glaube an den eigenen Einfluss

Entscheiden? Ja, das ist möglich. Optimist wird man nämlich nicht aufgrund von Erfahrungen. Ein Optimist kann genau auf dieselben Ereignisse zurückblicken wie ein Pessimist, doch er betrachtet sie völlig anders – und zieht daraus entsprechend andere Schlüsse für die Zukunft. Letzterer dramatisiert jedes Problem, glaubt, stets nur von anderen abhängig zu sein, vergisst Erfolge sofort wieder oder nimmt sie kaum wahr. Dagegen lässt sich der Optimist selbst von realen Schwierigkeiten nicht entmutigen. Er weiß, wie schnell sich die Dinge oft ändern. Und vor allem ist er sich sicher, dass es letztlich auf ihn selbst ankommt, dass er alles zum Guten wenden wird. Ein stärkerer Antrieb zum Handeln lässt sich kaum vorstellen.

Ja, wenn Sie etwas tun, kann etwas schiefgehen. Der Umkehrschluss ist allerdings falsch! Wenn Sie nichts tun, kann noch viel mehr schiefgehen. Ganz einfach deshalb, weil Sie nie ohne jede Aktivität dorthin gespült werden, wo Sie gerne hinmöchten. Sie werden Ihre Ziele nur mit Handeln erreichen. Es führt daher kein Weg daran vorbei, Risiken auf sich zu nehmen. Die aber wirken sofort weniger bedrohlich und Hindernisse weniger unüberwindlich, wenn Sie sie akzeptieren beziehungsweise bestürmen.

In gewisser Weise lässt sich das mit einer Radtour im bergigen Gelände vergleichen. Wenn Sie sich gerade im Tal befinden und vor Ihnen der nächste Anstieg auftaucht, erscheint der zunächst wahnsinnig steil.

Wie sollen Sie da jemals hinaufkommen, werden Sie sich eventuell fragen. Doch je mehr Sie sich dem Hügel nähern und je mehr Höhenmeter Sie schaffen, desto leichter wird es - sofern Sie fokussiert weiterfahren. Wie wichtig absolute Konzentration ist und wie man sich erfolgreich konzentriert, das wird Thema des folgenden Unterkapitels sein.

IN KÜRZE

- **Wenn Sie einen Plan für den Weg zu Ihrem Ziel gemacht haben, beginnen Sie innerhalb von 72 Stunden mit dem ersten Schritt zur Umsetzung.**
- **Entscheiden Sie sich klar für einen bestimmten Weg - auch wenn Sie diesen dann später vielleicht abändern müssen.**
- **Gehen Sie lieber einen sehr kleinen ersten Schritt, als den Start immer wieder aufzuschieben.**
- **Legen Sie Etappenziele fest und Zeitpunkte, bis zu denen Sie diese erreicht haben werden.**
- **Umgeben Sie sich mit positiv denkenden Menschen, die Sie antreiben, statt als Bremse zu wirken.**
- **Sorgen Sie dafür, dass Ihre Energiereservoirs rechtzeitig wieder aufgeladen werden.**
- **Setzen Sie auf Optimismus, der ein starker Handlungsmotor ist.**

FOKUSSIEREN STATT VERZETTELN

Auf den letzten Seiten haben wir gesehen, dass Handeln das A und O ist, wenn Sie erfolgreich sein wollen. Auch das entschiedenste Handeln führt jedoch ins Nichts, sofern man es eher als Aktionismus denn als strukturiertes und vor allem fokussiertes Vorgehen bezeichnen muss. Vor allem sollten Sie ein Hin und Her vermeiden, also Ihre Energie stets auf genau das konzentrieren, was gerade ansteht. Halten Sie es wie Otto von Bismarck, dessen Erfolgsregel lautete:

»Ich jage nie zwei Hasen auf einmal.«

In dieser Aussage steckt exakt das, worauf es ankommt: Streben Sie nicht gleichzeitig Ziele an, für die Sie womöglich in unterschiedliche Richtungen laufen müssen. Zwar ist es manchmal unvermeidbar, mehrere Aktionen parallel durchzuführen, doch diese sollten miteinander zu tun haben und sich im Idealfall wechselseitig verstärken.

Nehmen wir einmal an, Sie haben eine Wohnung gekauft, wollen diese sanieren und dann mit Gewinn wieder verkaufen. Sie brauchen dafür eine Genehmigung für den Ausbau des Dachgeschosses, es gilt, Handwerker für die Erneuerung des Bads, für die Verlegung eines neuen Bodens und für die Modernisierung der Heizungsanlage zu finden. Diese und zahlreiche andere Aufgaben lassen sich nicht strikt nacheinander abhaken. Die Behörden antworten häufig erst nach Monaten, die diversen Fachfirmen sollten parallel arbeiten, weil Sie den Einbau einer zeitgemäßen Fußbodenheizung planen.

Alle Kräfte bündeln

Konzentration meint daher hier: Sammeln Sie alle Ihre Kräfte und widmen Sie all Ihre Gedanken Ihrem großen Projekt. Einzelne Vorhaben werden Sie gleichzeitig realisieren, aber immer richtet sich das Augenmerk auf das übergeordnete Ziel. Und: In jedem Moment können und sollten Sie sich auf eine Tätigkeit beschränken, also nur auf die Diskussion mit dem Heizungsbauer oder das Telefonat mit der Baubehörde. Das ist wichtig, denn wer glaubt, multitaskingfähig zu sein, der erleidet meist Schiffbruch.

Beobachten Sie Menschen, die meinen, an möglichst vielen Orten zugleich sein und eine Vielzahl an großen Projekten nebeneinander anpacken zu müssen. Für eine gewisse Zeit mag es tatsächlich so aussehen, als könne diese »Strategie« funktionieren. Betrachtet man die Sache im Detail, wird man jedoch zumeist erkennen: Nein, es funktioniert nur scheinbar! Wahrscheinlich wird es hier und da stocken, wird das eine oder andere gar nicht realisiert. Die Multitaskinganhänger müssen Rückschritte oder zumindest Stillstand konstatieren, sie werden gestresst sein und am Ende vielleicht sogar alles aufgeben. Das liegt nicht an ihrem Unvermögen, sondern daran, dass die Ressourcen jedes Menschen begrenzt sind. Ergo: Wählen Sie das Wichtigste und Dringlichste aus und gehen Sie dies mit voller Power an.

Vieles gleichzeitig heißt nichts richtig

Okay, werden Sie eventuell einwerfen, aber was ist mit dem Multitasking am Arbeitsplatz? Ist das nicht heute mehr oder weniger Pflicht? Ein typischer Angestellter telefoniert mit einem Kunden, tippt eine WhatsApp-Nachricht an einen Kollegen, öffnet die gerade angekommene E-Mail, checkt seinen Facebook-Account. Alles gleichzeitig! Dass dies in vielen Büros so läuft, macht es allerdings nicht zur idealen Arbeitsweise. Und auch nicht zur alternativlosen.

Falls Sie selbst manchmal oder oft Ihre Multitaskingfähigkeit »testen«, analysieren Sie doch einmal die Folgen! Vermutlich werden Sie die eine oder andere E-Mail falsch verstehen, am Telefon den roten Faden verlieren oder am Abend nicht mehr wissen, was Sie nebenher für Ihr neues Projekt recherchiert haben. Klar, Sie haben alles irgendwie über die Bühne gebracht. Nur ist irgendwie zu wenig für alle, die erfolgreich sein wollen.

In Zeiten der Veränderung hat all das eine große Relevanz. Ganz einfach deshalb, weil der rasante Wandel scheinbar immer mehr Multitasking erfordert. Es wird auf mehr Kanälen kommuniziert als früher, es sind bei fast jeder Handlung mehr Optionen gegeneinander abzuwägen, wir werden zu jeder Tages- und Nachtzeit mit Informationen überfrachtet. Kein Ausweg also, als bei diesem Spiel mitzumachen? Doch, Sie können auch heute steuern, wann Sie welche »Fenster« öffnen. Zum Beispiel ist es durchaus legitim, den Posteingang und die Mailbox nur jede Stunde oder auch noch seltener zu überprüfen. Selbst wenn der Absender eine sofortige Antwort möchte, wird er eine ausführliche, mit voller Konzentration geschriebene beziehungsweise einen entsprechenden Anruf gegenüber der raschen, aber oberflächlichen Reaktion bevorzugen.

Singletasking hebt die Qualität

Üben Sie das Singletasking! Sind Sie gerade in einer Konferenz, dann widmen Sie sich voll und ganz Ihren Gesprächspartnern. Arbeiten Sie an einer Präsentation für Ihr Team, dann arbeiten Sie nur daran. Sitzen Sie mit Ihrem Lebenspartner oder Ihrer Lebenspartnerin beim Italiener, dann lassen Sie für zwei Stunden den Job Job sein. Haben Sie sich vorgenommen, in den nächsten drei Monaten fünf Abende in der Woche einer bestimmten Fortbildung zu widmen, so setzen Sie für diesen Zeitraum mit Hobbys, Kino oder Kartenspielen aus.

Die Beispiele zeigen: Auf Konzentration sollten Sie bei Routinetätigkeiten genauso wie in außergewöhnlichen Situationen achten. Was Sie auch tun, das Ergebnis wird ein besseres sein, wenn Sie dabei jeden Gedanken an anderes beiseiteschieben. Ihre Energie wird auf eine Aufgabe konzentriert – wie bei einem Brennglas die Sonnenstrahlen, was ein Papier in Brand setzen kann. Sie kommen also nicht umhin, Prioritäten zu setzen. Erst dann haben Sie eine Chance, den Tunnelblick zu erreichen, der für maximale Effizienz sorgt und der Champions auszeichnet.

Wiederum besonders anschaulich ist das Beispiel Spitzensport. Schauen Sie sich einen Sprinter, einen Speerwerfer, einen Kanuten kurz vor dem Wettkampf an. Sie nehmen nichts von dem wahr, was um sie herum geschieht. Sie wiederholen in Gedanken und oft auch körperlich

entscheidende Bewegungsabläufe. Sie befinden sich in ihrer eigenen Welt, in die von außen nur noch der Startschuss eindringt. Resultat: volle Konzentration auf die unmittelbar bevorstehenden 5 Sekunden, 10 Sekunden oder 90 Minuten. Entsprechend groß ist die Chance, die volle Leistung abrufen zu können. Die hängt nämlich ebenso von der Fitness wie von der mentalen Stärke ab.

Fokussierung macht überzeugend

Auch in völlig anderen Bereichen als dem Spitzensport ist das Mentale häufig das, was die Erfolgreichen von denjenigen unterscheidet, die nicht aus dem Mittelmaß herauskommen. Menschen, die sich geistig hundertprozentig auf eine Aufgabe einlassen. Selbstverständlich braucht jeder Können und Fachwissen, der an die Spitze stürmen oder jedenfalls mehr als der Durchschnitt erreichen möchte. Beides sind jedoch lediglich notwendige, aber keineswegs hinreichende Bedingungen für Erfolg. Sicher kennen auch Sie viele Geschichten von sehr begabten Kollegen oder Bekannten oder Freunden, die sich permanent unter Wert verkaufen. Eine häufige Ursache dafür ist der Mangel an Konzentration beziehungsweise das Verzetteln.

Sind Sie an vielen Fronten gleichzeitig aktiv, haben Sie keine davon völlig unter Kontrolle. Ihnen werden Zahlen und Fakten fehlen – meist gerade dann, wenn Sie diese in einem Gespräch dringend brauchen. Nachvollziehbar, dass dann Ihre Überzeugungskraft schwindet, Ihre Souveränität eher mau sein wird. Ihr Gegenüber merkt, wenn Sie nicht ganz und gar bei der Sache, ganz und gar bei ihm sind. Er nimmt Sie nicht so ernst, wie Sie das verdient haben, wird Ihnen Defizite vor Augen führen. Begeisternd und gewinnend wirken Sie dagegen, sobald Sie absolut fokussiert sind. Das spiegelt sich in Ihren Worten und ebenso in Ihrer Mimik, Ihrer Gestik, Ihrer Körperhaltung sowie sehr deutlich in Ihren Augen wider. Kaum jemand wird sich in diesem Fall dem Sog entziehen können. Hochkonzentrierte Menschen haben eine spezielle Aura, die andere fasziniert.

Strategien wider Ablenkungen

Natürlich möchte jeder eine solche Aura, vermutlich wünschen auch Sie sich, andere dank Konzentration leichter mitreißen zu können. Nur wie lässt sich diese segensreiche Fokussierung in der Praxis realisieren? Beginnen Sie damit, klar störende Einflüsse zu beseitigen. Wie schon gesagt, muss beispielsweise das E-Mail-Postfach nicht alle paar Minuten »geleert« werden. Stellen Sie den Signalton, der jede eingehende Nachricht anzeigt, ab, weil auch der Sie aus Ihren Gedanken herausreißt. Leiten Sie Ihr Telefon auf die Mailbox, die Sekretärin oder auch einen Kollegen, der gerade eine weniger fordernde Aufgabe erledigt. Schalten Sie das Radio aus, denn auch Musik lenkt ab. Forscher, die sich mit dem Thema Aufmerksamkeit beschäftigen, wissen: Man sollte alle Sinne beschäftigen, doch nicht mit parallelen Tätigkeiten, sondern mit der, um die es geht!

Wie Sie darüber hinaus Ihre Konzentration fördern können? Beispielsweise mit Meditation, autogenem Training, progressiver Muskelentspannung, Yoga und ähnlichen Techniken. Probieren Sie diese Methoden unter fachlich kompetenter Anleitung aus – entweder in Einzelstunden oder in einer Gruppe. Und dann überlegen Sie genau, welche Ihnen am meisten zusagt. Darüber hinaus sollten Sie stets Ihre Gesundheit sowie die Balance von Anspannung und Entspannung im Blick haben.

Schließlich spielt auch die Physis eine große Rolle in Sachen Konzentration. Ernähren Sie sich ausgewogen, trinken Sie genügend, schlafen Sie ausreichend, sorgen Sie für Bewegung und gönnen Sie sich immer wieder Phasen der Regeneration. »Puh«, werden Sie sagen, »das alles soll ich beachten? Das ist eine ganze Menge!« Ja, aber diese Dinge sind unerlässlich, wenn Sie wirklich hochkonzentrierte Leistung bringen wollen.

Selbstverständlich ist eine totale Konzentration auch völlig ohne jede Ablenkung und mit Trainingsmaßnahmen kein Selbstläufer. Das werden Sie erfahren, wenn Sie sich in ein absolut ruhiges Büro zurückziehen, das keine Verbindung zum Internet hat und in dem sich weder Festnetztelefon noch Handy befinden. Abgesehen davon, dass Sie ohne andere Menschen und ohne Kommunikationsmittel vermutlich kaum ein Projekt voranbringen können – es sei denn, Sie schreiben einen Roman –, wird auch völlige Abgeschiedenheit die Konzentration nicht erzwingen. Die nämlich gibt es nur dann, wenn Sie etwas haben, das all Ihre Gefühle, Ihre Gedanken, Ihr Wollen und Ihr Träumen absorbiert: ein attraktives und ehrgeiziges Ziel.

Erfolg hat viele Väter

Ja, richtig, über Ziele haben wir in diesem Buch bereits ausführlich »geredet«. Was mir an dieser Stelle wichtig ist zu betonen: Alle Erfolgsfaktoren hängen miteinander zusammen! Nur zusammen ergeben sie die hinreichende Bedingung für Erfolg. Ziele, Begeisterung, Handeln, Fokussieren – Sie brauchen all das, um nicht früher oder später steckenzubleiben, um also sowohl Ihre Motivation als auch Ihre Umsetzungsstärke hochzuhalten.

Dazu muss dann noch Ausdauer kommen, nämlich die Fähigkeit, durchzuhalten. Sie können auch von Disziplin reden. Ein fast etwas altmodisch anmutender Ausdruck für das Vermögen, eben nicht aufzugeben, auch wenn es einmal eng wird. In Zeiten der Veränderung braucht man davon ebenso wie von Konzentration eine ganz große Portion. Letztlich aus demselben Grund, denn: Die Gefahr, lieber etwas Neues anzufangen, ist sicherlich erheblich größer als früher.

IN KÜRZE

- Tun Sie alles, was Sie tun, mit voller Konzentration – auch dann, wenn es sich um (scheinbare) Routine handelt.
- Erteilen Sie Multitasking eine Absage. Es geht immer auf Kosten der Qualität dessen, was Sie tun.
- Erstellen Sie eine Liste Ihrer Prioritäten und dann fokussieren Sie sich nacheinander statt parallel auf die einzelnen Aufgaben.
- Vermeiden Sie möglichst jede Ablenkung, wenn Sie sich ganz einer Sache widmen.
- Delegieren Sie, was sich sinnvoll delegieren lässt.
- Nutzen Sie Meditation oder andere Techniken, um Ihre Fähigkeit zur Konzentration zu steigern.
- Sorgen Sie für ausreichend Entspannung, Schlaf und Bewegung sowie eine ausgewogene Ernährung.
- Mit Fokussierung bündeln Sie Ihre Kräfte und verschwenden keine Ressourcen.
- Konzentration auf nur eine Sache hört und sieht man Ihnen an. Sie werden dadurch überzeugender!

AUFGABE

Welche Möglichkeiten zur Förderung Ihrer Konzentrationsfähigkeit haben Sie bereits ausprobiert? Welche waren wirksam? Welche weiteren Maßnahmen könnten Sie ergreifen, um Ihre Konzentration und damit Ihre Effizienz zu steigern?

DURCHHALTEN, WENN ES ENG WIRD

Sie kennen das sicher: Erfolg verdankt man zu 10 Prozent der Inspiration, zu 90 Prozent aber der Transpiration. Soll heißen, dass es ohne Schweiß, also Fleiß nicht geht. Und das ist wahr, wie Beispiele zahlreicher sehr erfolgreicher Menschen zeigen. Es ist auch keine überraschende Erkenntnis, denn denken Sie an das Eislauftalent, das einfach nicht ausdauernd Rittberger und Axel trainiert. Oder den begnadeten Klavierspieler, der schlicht zu faul für seine Fingerübungen ist. Sie haben beide alle Voraussetzungen für großartige Erfolge. Vielleicht haben sie auch beide ehrgeizige Ziele – den Olympiasieg oder Pianist zu werden in einem großen Sinfonieorchester. Möglicherweise packen es beide richtig an, indem der eine sich einen renommierten Club mit tollen Trainern sucht und der andere die Aufnahmeprüfung fürs Konservatorium besteht.

Was aber, wenn es nach diesen ersten Schritten nicht ebenso konsequent weitergeht? Was, wenn der Elan erlahmt, die beiden sich nicht quälen wollen? Dann werden sie ewige Talente bleiben. Eine traurige Wahrheit, die für Begabungen in allen Bereichen gilt. Überall nämlich werden bestimmte Eigenschaften oder Fähigkeiten gebraucht, die man verfeinern, verbessern, festigen muss. Das aber funktioniert nur mit Training. Ob in der Eislaufhalle oder am Instrument oder wo auch immer: Im Spruch, die Übung macht den Meister, steckt mehr als ein Körnchen Wahrheit. Viel mehr! Es geht tatsächlich kein Weg daran vorbei, immer wieder die eigenen Grenzen zu überschreiten, die damit als nur scheinbare Limits entlarvt werden.

Außer beim Trainieren der eigenen Stärken brauchen Sie Ausdauer auch immer dann, wenn Sie etwas anstreben, das Ihren ganzen Einsatz erfordert. Das nämlich lässt sich in der Regel nicht durch eine einmalige große Kraftanstrengung erreichen. Sie müssen dranbleiben, sich auch einmal festbeißen, die Spannung hochhalten. Wer sich im Leben verhält wie viele beim Zappen vor dem Fernseher, der wird ständig etwas Neues anfangen. Sobald ein Hindernis auftaucht oder Routinetätigkeiten anstehen oder der Erfolg kurzfristig unwahrscheinlich erscheint, wird das Projekt aufgegeben. Die Folge: Man steht mal wieder auf dem Startpunkt, hat sinnlos Energie verschwendet und Zeit verschenkt.

Wiederholung führt zum Ziel

Erfolgstypen wissen dagegen um die Macht der Wiederholung. Eine Verzögerung entmutigt sie nicht, denn sie schauen stets auf den langen Weg, den sie bereits bewältigt haben – und genauso auf den, der noch vor ihnen liegt. Sie sind beharrlich und hartnäckig, wissen, dass auch kleine Schritte viel bedeuten. Sie verlieren zwar nie das große Ziel aus den Augen, fokussieren sich jedoch in jedem Augenblick auf die aktuelle Aufgabe. Wie dem römischen Dichter Ovid ist ihnen klar: »Nicht durch Kraft höhlet der Tropfen den Stein, sondern durch häufiges Fallen.«

Zumindest würden Erfolgstypen sagen: Meist sind sowohl Kraft als auch zahlreiche Wiederholungen nötig. Das Beginnen etwa erfordert oft eine besondere Anstrengung, es katapultiert einen aber nicht »binnen Sekunden« vom Start zum Ziel. Ein gutes Beispiel dafür ist die Frage, wie sich die Wirkung von Worten verstärkt, wenn diese wiederholt werden. Denken Sie etwa an eine Idee, von der Sie jemanden überzeugen wollen. Relevant dafür ist der sogenannte Erinnerungswert des gesprochenen Wortes, der sich in Zahlen ausdrücken lässt:[51]

- Etwas einmal mit normaler Lautstärke sagen: 100
- Etwas zweimal sagen: 120
- Etwas zweimal sagen, wobei zwischen dem ersten und zweiten Mal eine Pause liegt, während der von etwas anderem gesprochen wird: 170
- Etwas dreimal sagen: 210
- Etwas viermal sagen: 235
- Etwas fünfmal sagen: 245

Wiederholung macht aus Talenten wirklich nutzbare Stärken und sie sorgt für Wirkung. Sie können mit demselben Energieaufwand immer mehr Aufgaben erledigen beziehungsweise brauchen für dieselbe Arbeit nach und nach weniger Energie. Ihre Leistung verbessert sich, Sie sehen mehr Details und haben Luft für die Entwicklung kreativer Lösungen, weil manches in Fleisch und Blut übergegangen ist. Logischerweise gewinnen Sie dabei auch an Selbstvertrauen, und entsprechend eindrucksvoll ist Ihre Präsenz. Eine gute Voraussetzung, um andere von sich und Ihren Vorhaben zu überzeugen.

Geduld zeichnet Erfolgreiche aus

Wer aber ist überhaupt fähig zu Wiederholungen, zum ausdauernden Festhalten an einem Projekt? Ohne Zweifel nur jemand, der geduldig sein kann. Eine Eigenschaft, die zunächst nach einem Langweiler, nach

Langmut, nach dem Gegenteil von Dynamik klingt. Doch Geduld ist eine Eigenschaft von Champions! Das hat unter anderem der mittlerweile legendäre Marshmallow-Test ergeben, eines der wohl bekanntesten Experimente im Bereich der Psychologie, durchgeführt vom Amerikaner Walter Mischel und anderen: Vierjährigen Kindern wurden Süßigkeiten angeboten, wobei sie die Wahl hatten, diese sofort zu essen oder aber eine Zeit lang zu warten, um dann eine zweite Portion zu bekommen. Manche Kinder schafften es, ihr Bedürfnis nicht gleich zu befriedigen und dafür später eine Belohnung einzuheimsen.

13 Jahre später wurden die Kinder nochmals eingeladen, und die Forscher analysierten ihren schulischen Erfolg sowie ihren Werdegang. Das spannende Ergebnis: Die Mädchen und Jungen, die im Vorschulalter mit dem Essen der Marshmallows warten konnten, waren zielstrebiger und erfolgreicher in der Schule beziehungsweise Ausbildung. Zudem verkrafteten sie offenbar Rückschläge besser, hatten eine höhere soziale Kompetenz und waren seltener drogenabhängig. All diese Eigenschaften wurden im Vergleich mit jenen »gemessen«, die als Vierjährige

die süße Verlockung sofort gegessen hatten. Letztere waren emotional instabiler und trotz ähnlich hoher Intelligenz schlechter in der Schule.[52]

Das berühmte Experiment von Mischel zeigt: Geduld fördert den Erfolg. Und mit Geduld ist dabei eine Kombination der Faktoren Selbstkontrolle, Toleranz gegenüber Frustrationen und Ausdauer gemeint. Während die geduldigen Kleinkinder ihr Verlangen nach dem sofortigen Genuss der Marshmallows zügeln konnten, ist im Erwachsenenleben sowohl privat als auch beruflich ebenfalls oft Dranbleiben gefragt. Streben Sie eine Führungsaufgabe in Ihrem Unternehmen an, steuern Sie direkt darauf zu, doch glauben Sie nicht, morgen am Ziel zu sein. Eventuell müssen Sie Zwischenstationen in Kauf nehmen. Hier zeigt sich Geduld daran, dass Sie zunächst einmal eine stellvertretende Projektleitung annehmen, statt gleich den Arbeitgeber zu wechseln, wenn es mit der Abteilungsleitung ein wenig dauert.

TIPP

Wir überschätzen, was wir in drei Monaten, und wir unterschätzen, was wir innerhalb von drei Jahren bewirken können.

Aber ist nicht Geduld genau das Falsche in den Zeiten der raschen Veränderung, in denen wir leben? Nein, im Gegenteil. Hier gilt dasselbe wie bei der Konzentration: Weil wir heute sehr schnell neue Angebote bekommen und tolle neue Chancen entdecken, ist es eher schwieriger geworden, Geduld zu beweisen. Ja, bei dem, was Sie tun, können sich die Bedingungen ändern. Sehr wahrscheinlich wird dies schneller als gedacht und schneller als in früheren, beschaulicheren Jahrzehnten passieren. Das aber heißt nicht, dass Sie gleich alles in Frage stellen oder verwerfen sollten. Nein, mehr denn je ist Dranbleiben gefordert! Mehr denn je müssen Sie Ihre Motivation auf hohem Niveau halten, weil dieser in dynamischen Zeiten eine »Aufsplitterung« auf unendlich viele Optionen droht.

IN KÜRZE

- In aller Regel werden Sie Ihre Ziele nur mit Ausdauer und Geduld erreichen.
- Betrachten Sie Selbstdisziplin als altmodisch und verzichtbar, dann ändern Sie Ihre Einstellung!
- Verabschieden Sie sich von der Vorstellung, alles sofort haben zu müssen.
- Beschließen Sie ganz bewusst, durchzuhalten und sich nicht von überwindbaren Hindernissen abschrecken zu lassen.
- Geben Sie sich für Ihre Ziele und Zwischenziele einen realistischen Zeitrahmen, denn Überforderung demotiviert.

Erfolg erfolgt nicht zufällig

Wie schon die Konzentration kann man auch den Erfolgsfaktor Ausdauer nicht isoliert betrachten. Beides ist kein Selbstzweck. Sie werden sich nur konzentrieren, Sie werden Ihre Schmerzgrenzen nur überwinden, wenn Sie wissen, warum Sie das tun. Wiederum ist also klar: Erfolg und Motivation bedingen ein ambitioniertes Ziel, das Sie begeistert und das sich unter Einsatz Ihrer Stärken erreichen lässt. Haben Sie dann noch einen realisierbaren Plan mit aufeinander aufbauenden Handlungen, so sollte einem erfolgreichen Leben - privat und beruflich - nichts mehr im Wege stehen. Nehmen Sie als Quintessenz dieses Buches mit: Erfolg und Motivation sind kein Zufall, sondern haben präzise benennbare Ursachen - und das auch, ja gerade in Zeiten der Veränderung.

»Der Cocktail für Erfolg
beginnt bei Z wie Ziele
und endet bei A wie
Ausdauer.«

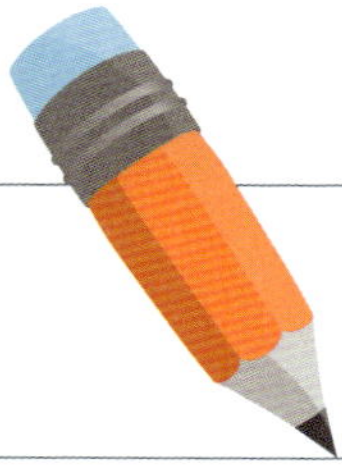

AUFGABE

Was sind Ihre wichtigsten Erkenntnisse aus diesem Buch? Versuchen Sie, mindestens sieben zu formulieren. Was für Aktionen ergeben sich für Sie daraus? Und wann setzen Sie diese um?

1. Erkenntnis:

Aktion:

Wann setze ich es um?

2. Erkenntnis:

Aktion:

Wann setze ich es um?

3. Erkenntnis:

Aktion:

Wann setze ich es um?

4. Erkenntnis:

Aktion:

Wann setze ich es um?

5. Erkenntnis:

Aktion:

Wann setze ich es um?

6. Erkenntnis:

Aktion:

Wann setze ich es um?

7. Erkenntnis:

Aktion:

Wann setze ich es um?

Weitere Erkenntnisse:

ANMERKUNGEN

1 http://www.huffingtonpost.de/news/digitale-revolution/ (9.8.2017)

2 http://ap-verlag.de/trends-2017-digitalisierung-veraendert-alles/29495/ (10.8.2017)

3 http://www.forumtraiani.de/roemischer-handel/

4 http://www.deutschlandfunk.de/krise-der-demokratie-entfremdung-zwischen-politik-und.1310.de.html?dram:article_id=386628

5 https://www.suedkurier.de/region/kreis-konstanz/kreis-konstanz/Die-Digitale-Revolution-im-Blick-Neue-Lernformen-bei-der-Handwerkskammer;art372432,9321110

6 http://www.handelsblatt.com/politik/international/davos-2016/davos-2016-die-vierte-industrielle-revolution/12836622.html

7, 8 http://www.insm.de/insm/kampagne/grosse-aufgaben/studie-arbeitswelt-und-arbeitsmarktordnung-der-zukunft.html

9 http://www.deutschlandfunk.de/die-vierte-industrielle-revolution-wo-bleibt-der-mensch.1148.de.html?dram:article_id=355962

10 http://www.handelsblatt.com/politik/konjunktur/oekonomie/nachrichten/konsumverhalten-wenn-auswahl-ueberfordert-oder-auch-nicht/3362886.html

11, 12 http://www.alltagsforschung.de/warum-viele-optionen-die-entscheidung-erschweren-oder-auch-nicht/

13 http://www.lead-conduct.de/2014/05/25/change-management-kurt-lewin/

14 https://de.wikipedia.org/wiki/Motivation

15 https://de.wikipedia.org/wiki/Motiv_(Psychologie)

16 http://arbeitsblaetter.stangl-taller.at/MOTIVATION/

17 https://monami.hs-mittweida.de/files/4180/N.Moldaschl_Durch_Motivation_zur_Arbeitszufriedenheit_Mittweida_BA_Arbeit_2013_1.pdf

18 http://www.managementportal.de/HumanResources/Motivationstheorien.htm

19 https://wpgs.de/fachtexte/motivation/empirische-inhaltstheorien-der-motivation-mcclellands-theorie/

20 https://wpgs.de/fachtexte/motivation/herzbergs-zwei-faktoren-theorie-der-motivation/

21 http://www.managementportal.de/HumanResources/Motivationstheorien.htm

22 https://psychology.com/2013/05/03/motivation-teil-2-der-motor-emotionen-in-unserem-gehirn/

23 https://www.psychomeda.de/lexikon/selbstwirksamkeit.html

24 https://books.google.de/books?id=CaOHDkfEN2YC&pg=PA132&lpg=PA132&dq=elias-effekt&source=bl&ots=rhszsvWfVV&sig=fP-MG00_8iC32dcTw8EHATXQ4uQ&hl=de&sa=X&ved=0ahUKEwjwp6iqmdzXAhXN3KQKHSbKCAQQ6AEIMjAC#v=onepage&q=elias-effekt&f=false

25 https://de.wikipedia.org/wiki/Rubikonmodell_der_Handlungsphasen

26, 27 https://karrierebibel.de/geldverdienen-motiviert-es-wirklich/

28, 29 https://www.willistowerswatson.com/de-DE/press/2016/10/Deutsche-Manager-bekommen-Bestnoten-im-Business-aber-nicht-in-Fuehrungskompetenz

30 http://www.mittelstandsimpulse.net/download.php?download=Mittelstandskongress_Zwickau-Kohlhammer_min

31, 32 http://presse.careerbuilder.de/pressreleases/arbeitsklima-schlaegt-gehalt-wertschaetzung-durch-vorgesetzte-und-kollegen-als-wichtigster-indikator-fuer-zufriedenheit-am-arbeitsplatz-2031172

33, 34 https://www.drsatow.de/tests/emotional-intelligence-inventar/2013_Emotionale_Kompetenz_bei_Fuehrungskraeften_Masterarbeit_Nufer.pdf

35 http://www.iww.de/bbp/archiv/motivation-und-fuehrung-emotionale-intelligenz-und-wie-sie-fuehrungskraeften-hilft-f23843

36 http://www.bureauveritas.de/services+sheet/cps-servicesheet-sozialaudits

37, 38 https://www.territory.de/content/uploads/2017/02/Whitepaper_Karriere_trifft_Sinn.pdf

39, 40, 41 https://www.dgfp.de/hr-wiki/Vertrauen__Verantwortung__Motivation_und_Kommunikation.pdf

42 https://www.nzz.ch/articleEPIJE-1.80565

43 https://oldtimer-veranstaltung.de/2013/06/150-geburtstag-von-henry-ford/

44 http://www.worte-des-erfolges.de/begeisterung-steckt-an/

45, 46 http://www.businessinsider.de/steve-jobs-achtete-bei-allen-bewerbern-auf-eine-bestimmte-eigenschaft-2017-12

47 https://www.focus.de/wissen/mensch/geschichte/tid-21076/was-ich-geschafft-habe-koennen-auch-andere-begeisterung-ist-die-voraussetzung_aid_592379.html

48 https://www.brandeins.de/wissen/brand-eins-thema-bildung/auf-der-suche-nach-der-begeisterung/

49 https://de.wikipedia.org/wiki/Hertha_Beuschel-Menze

50 http://www.sinn-magazin.de/blog/eintrag/news/canvasco-die-perfekte-welle/?tx_news_pi1%5Bcontroller%5D=News&tx_news_pi1%5Baction%5D=detail&cHash=6544382f4cd3ecf703fc7b49aa9f5937

51 https://www.marketing-boerse.de/Fachartikel/details/1408-Erfolgsfaktor-Ausdauer/46308

52 http://lexikon.stangl.eu/3697/marshmallow-test/